Maria Treben – Biographie

Maria Treben

Biographie, Hausmittel und Heilkräutertipps der Erfolgsautorin

ENNSTHALER VERLAG STEYR

Bearbeitet von Kurt Treben (Sohn),
Elisabeth Mayr-Treben (Enkelin) und Werner Treben (Enkel)

www.ennsthaler.at

ISBN 978-3-85068-403-3

4. Auflage 2024
Maria Treben · Biographie

Ennsthaler Gesellschaft m.b.H. & Co KG, A-4400 Steyr, Österreich
Satz: Ennsthaler Verlag
Covergestaltung: Thomas Traxl & Ennsthaler Verlag
Cover-Illustrationen: Marlene Gemke-Passet, Dießen am Ammersee
Druck & Bindung: Print Group, EU

INHALT

VORWORT

Liebe Leser,

vor Ihnen liegt das jüngste Buch der Autorengemeinschaft Treben. Dieses Werk wurde von der Familie Treben (Kurt Treben [Sohn], Elisabeth Mayr-Treben [Enkelin] und Werner Treben [Enkel von Maria Treben]) geschrieben und zusammengestellt. Neben der Lebensgeschichte von Maria Treben finden Sie in diesem Buch auch Gedichte, Maria Trebens Tipps zur Körperpflege, ihre Lebensphilosophie, ihren Vortrag in St. Gallen und vieles mehr. Wir waren bemüht, Ihnen einen Überblick über das Leben und das Wirken von Maria Treben zu vermitteln.

Es ist schon viele Jahre her, seit sie das Buch „Gesundheit aus der Apotheke Gottes" herausgegeben hat. Bis zum heutigen Tage wurden Millionen Exemplare dieses Buches verkauft, das in viele Fremdsprachen übersetzt wurde und Maria Treben zu einer weltweit anerkannten Heilkräuter-Expertin machte.

Zum Abschluss möchten Sie die Autoren noch bitten, keine Kräuterbestellungen zu ordern, da wir keinen Kräuterversand haben. Wir betreiben keine Heilpraxis und nehmen auch keine Besuche oder Anrufe entgegen. Auch ist es nicht möglich, schriftlich Auskünfte zu geben.

„So bin ich bestrebt, die Menschen nicht nur auf Heilkräuter und ihre Kräfte hinzuweisen, sondern vor allem auf die Allmacht des Schöpfers, in dessen Händen unser Leben geborgen liegt und der es bestimmt. Bei Ihm suchen

wir Hilfe und Trost, in schwerer Krankheit demütig und andächtig Kräuter aus seiner Apotheke. An Ihm liegt es, uns zu führen und zu beschenken und unser Leben zu lenken nach seinem Willen!"

(Zitat Maria Treben)

Steinerkirchen/Traun
Autorengemeinschaft Treben

MARIA TREBENS LEBENSGESCHICHTE

Die Jugendjahre – erste Erfahrungen mit Heilkräutern

Maria Treben wurde am 27. September 1907 als zweite Tochter der Ehegatten Anna und Ignaz Günzel in Saaz im ehemaligen Sudetengau geboren.

Ihr Vater hatte eine eigene Buchdruckerei, die Mutter war Hausfrau und widmete sich ganz ihren drei Töchtern. Hilde war die Älteste, Maria die Mittlere und Anni als Jüngste war das Nesthäkchen.

Als Maria noch zur Schule ging, verbrachte sie ihre Ferien immer bei der Familie eines Oberförsters. Im Gegensatz zur Hopfenstadt Saaz, wo das Leben vom Stadtbild geprägt wurde, fühlte sie sich bei dem Försterehepaar viel wohler und lernte dadurch die Natur mit all ihren Erscheinungsformen kennen. Dieser Umstand prägte schon sehr früh ihre Empfindsamkeit der Natur und den Pflanzen gegenüber, die ihr allmählich sehr vertraut wurden und die sie alle namentlich kannte. Gleichzeitig wurde sie auch von ihrer Mutter bestärkt, die als große Kneipp-Anhängerin darauf bedacht war, ihre Kinder so gesund wie möglich zu erziehen, indem sie Erkrankungen weitgehend mit Hausmitteln behandelte.

Als Maria zehn Jahre alt war, schlug das Schicksal das erste Mal grausam zu. Die Familie musste den schweren Verlust des Vaters hinnehmen, der bei einem tragischen Unfall ums Leben kam. Obwohl es zu dieser Zeit schon vereinzelt Automobile gab, wurde doch das Straßenbild noch von Pferdefuhrwerken geprägt. Als ihr Vater eines Tages nichts ahnend seine Schritte von der Druckerei heimwärts lenkte, scheuten plötzlich unerwartet Pferde durch ein vorbeifahrendes Automobil und trampelten den Armen zu Tode. Maria, die sehr an ihrem Vater hing, hat seinen frühen Tod ihr ganzes Leben nie ganz überwinden können.

Nach zwei Jahren übersiedelte die ganze Familie nach Prag, wo die Mädchen ihren Schulabschluss machten. Eines Tages, als die sechzehnjährige Maria einmal von der Schule nach Hause ging, erblickte sie an einer Straßenecke einen alten Mann, der den Passanten aus der Hand las. Geschwind wollte sie an ihm vorbeigehen, als er sie unversehens ansprach: „Nun junges Fräulein, soll ich Ihnen auch aus der Hand lesen? Bei Ihnen würde ich es sogar umsonst machen.“ Darauf erwiderte sie: „Nein, auf so etwas halte ich nichts.“ Doch der Mann bedrängte sie so lange, bis sie tatsächlich ihre Hand hinhielt. Er ergriffe ihre Hand, warf nur einen kurzen Blick darauf und Erstaunen machte sich in seinem Gesicht breit: „Ja, so etwas ist in meinem ganzen Leben noch nicht vorgekommen! Junges Fräulein, Sie werden eine Ehe führen, wie unter Tausenden eine. Ihr Mann wird Sie auf Händen tragen, doch Ihr Leben wird nicht nur unter einem guten Stern stehen. Schwere Zeiten werden auf Sie zukommen, Ihr Mann wird noch im Alter ein neues Zuhause schaffen.“

Sie ging rasch weiter ihres Weges und dachte über seine Worte nach, die ihr sehr unglaubwürdig erschienen. Erstens hatte sie ein wunderschönes Zuhause, denn in Prag besaßen sie ja ein Haus und zweitens dachte zu dieser Zeit niemand an einen bevorstehenden Zweiten Weltkrieg und die damit verbundene Vertreibung aus der Heimat.

Einmal verbrachte sie als sechzehnjähriges Mädchen ihre Ferien auf einem Schloss in der Nähe von St. Pölten. Der Vater ihrer Tante besaß eine Maschinenfabrik im Ort und hatte für die Familien einen Teil des Schlosses gemietet. Da Maria sehr tierliebend war, freundete sie sich mit dem zur Familie gehörenden Hund an. Dieser Neufundländer mit hängenden Ohren spürte ihre Zuneigung und begleitete sie auch überall hin. Eines Tages tollte sie mit dem Hund durch den Park, als ihr ein altes Weiblein begegnete, das Maria auf ihren schönen blonden Zopf ansprach: „Mein liebes Kind, du hast aber schönes, langes Haar." Sie aber sprach: „Nein, nein, das hab ich nicht mehr. Ich habe Probleme mit meinem Haar, es fällt mir so stark aus, dass ich deswegen schon eine Hautklinik aufgesucht habe." Das Weiblein erwiderte: „Das wäre aber ewig schade." Ich kenne ein Mittel, das dir bestimmt helfen wird! Siehst du diesen Strauch, auf dem Kletten wachsen? Grab die Wurzeln aus, säubere sie vom Erdreich und koche sie tüchtig. Wenn du dir deine Haare mit diesem Sud wäschst, wirst du wieder dichtes und kräftiges Haar bekommen." Maria lief schnurstracks nach Hause, um ein geeignetes Werkzeug zu holen.

Man kann sich denken, dass die Tante nicht sehr erfreut war, als sie Maria mit ihrer Beute ins Schloss ziehen sah. Diese durfte natürlich nicht in die Küche, wo es sie eigentlich hingezogen hätte, um die Klettenwurzel zu kochen, sondern musste mit der Waschküche vorlieb nehmen. Maria sehnte sich damals bestimmt nach ihrer Mutter, die ihr gesagt hätte, wie man den Klettenwurzeln zu Leibe rückt. Aber sie war eben ganz auf sich allein gestellt. Die große Überraschung stellte sich aber nach der durchgeführten Haarwäsche ein. Der Sud war so intensiv (sie verwendete dazu acht riesige Wurzeln!), dass sie kaum mehr mit Bürste und Kamm ihrer Haare mächtig wurde. Hilfesuchend dachte sie in dieser Situation wiederum an ihre Mutter, die sicherlich Rat gewusst hätte. Sie aber sah als einzige Möglichkeit, ihrer Mähne Herr zu werden, diese einfach abschneiden zu lassen. Später, zu Hause angekommen, weinte ihre Mutter bittere Tränen um den schönen langen blonden Zopf. Und daraus lernte Maria ihre erste Lektion: Klettenwurzeln kräftigen das Haar.

So sammelte sie schon als junges Mädchen erste Erfahrungen mit Hausmitteln.

Maria lernt ihren späteren Mann kennen

Maria besuchte das Lyzeum und fand nach Abschluss desselben in der Redaktion des „Prager Tagblatts" eine Anstellung. Schon bald wurde der Schriftsteller Max Brod auf sie aufmerksam, der seine Publikationen im „Prager Tagblatt" veröffentlichte und daher täglich in die Redaktion kam. Aufgrund gegenseitiger Sympathie willigte Maria ein, nebenbei auch für ihn zu arbeiten.

Vierzehn Jahre verbrachte sie in der Redaktion des Prager Tagblattes, wo sie sich in einer reinen Männerwelt zu behaupten verstand. Als junges, hübsches Mädchen konnte sie sich der vielen Anträge und Aufwartungen kaum erwehren, doch sie fühlte innerlich, dass ihr der Richtige noch nicht begegnet war.

Maria war eine eifrige Besucherin der Prager Oper, da sie ein Abonnement hatte. Eines Tages traf sie einen guten Bekannten, der ihr seinen Begleiter – einen jungen Studenten der Universität Prag – vorstellte. Bei seinem Anblick wusste Maria sofort, der oder keiner!

Der junge Student hieß Ernst Gottfried Treben und wohnte mit seinen Eltern in Kaplitz. Sein Vater war Oberlehrer, seine Mutter betreute den Haushalt und war eine ausgesprochene Katzennärrin. Bei der Familie wohnte auch noch die Schwester seiner Mutter, Tante Hedwig.

Kaplitz ist ein kleines Städtchen im Böhmerwald, liegt im heutigen Tschechien und ist von der oberösterreichischen Stadt Freistadt ca. 30 km entfernt.

Von nun an trafen sich Maria und Ernst sehr oft. Da aber beide sehr engagiert waren, Maria beim „Prager Tagblatt" und Ernst bei seinem Studium an der Universität, dauerte es relativ lange, bis die beiden vor den Traualtar traten. Ernst studierte Elektrotechnik und machte sein Diplom. 1935 fand er eine Anstellung bei der Oberösterreichischen Kraftwerke AG (OKA). Er begann, den ganzen Böhmerwald sukzessive zu elektrifizieren. Nun war er in seiner Position so weit gefestigt, dass er daran denken konnte, Maria seinen Eltern vorzustellen. Im August 1939 heirateten die beiden. Sie gab ihre Anstellung beim „Prager Tagblatt" auf, da Ernst bei der OKA ein gutes Einkommen hatte. Von nun an konnte sich Maria ganz ihrer neuen Rolle als Hausfrau widmen. Für sie hieß dies: von Prag Abschied zu nehmen. Ihre Schwiegereltern hatten in Kaplitz ein wunderschönes, großes Haus – heute ist es das Altersheim von Kaplitz –, in dem sich die beiden im ersten Stock und auch in der Mansarde ihr eigenes Nest schaffen konnten.

Zum Haus gehörte auch ein großer Garten, der mit seiner Rückseite an die Maltsch grenzte. Die Maltsch ist der Grenzfluss zwischen Österreich und Tschechien und mündet in die Moldau.

Natürlich hatte Ernst seiner Verlobten in Prag alles über die Schönheiten des Böhmerwaldes erzählt. Er liebte diesen über alles und seine Schilderungen waren dementsprechend begeistert. Maria nahm dies alles bildlich in sich auf. Sie war nun neugierig, ob es auch zutreffen würde, und als sie nun in Kaplitz lebte, schloss sich ihr ein Paradies wunderbarster Landschaft auf.

„Mein Mann, ein Böhmerwäldler, war verwachsen mit seinem waldigen Gebirge, dem weithin gebreiteten Höhenland bis in seine verborgensten Winkel hinein, seinen klaren Seen

und munteren Gewässern, die über Steine Tag und Nacht ihr murmelndes Lied sangen. Bevor ich das alles kennen lernte, hatte ich es durch seine Erzählungen in mich aufgenommen und als ich dann selbst dort lebte, schloss sich mir ein kleines Paradies wunderbarster Landschaft auf. Es ist heute noch wie ein heller Schein, wenn ich an die tiefen Wälder, die leuchtenden Arnikawiesen, die wiegenden Birken, die vielen klaren Bäche und ebenso klaren Waldseen und Hochmoore, die reglose, blaue Rauchsäule über dem Tann, die vielen alten Hammerschmieden, die verstreuten Granitblöcke und an das bröckelnde Gestein alter Burgen denke."

(Zitat Maria Treben)

Die Zeit um den Zweiten Weltkrieg
Die Vertreibung aus der Heimat

Der Zweite Weltkrieg brach aus und 1939 marschierten die Deutschen in das Sudetenland ein. Ernst wurde aufgrund seiner Tätigkeit bei der OKA „unabkömmlich" gestellt und elektrifizierte somit weiterhin den Böhmerwald. Maria half des Öfteren bei einem Bauern am Radischberg aus, der eine stattliche Landwirtschaft besaß. Es gab im Stall acht Pferde, vierzig Kühe und ca. zwanzig Schweine zu versorgen. Auch etliches Federvieh (Gänse, Hühner, Enten etc.) nannte er sein Eigen. Ebenso half Maria bei der Aussaat im Frühjahr und des Öfteren bei Ernten im Herbst mit und eignete sich dadurch verschiedenes Wissen um die Landwirtschaft an. Durch die willkommene Abwechslung konnte sie auch die langen Monate ihrer Schwangerschaft leichter ertragen, bis dann im Oktober 1942 der einzige Sohn Kurt Dieter das Licht der Welt erblickte. Da war das Glück der beiden vollkommen, trotz der furchtbaren Umstände des Krieges.

Nicht weit von Kaplitz lag an der Maltsch die Schrötermühle. Die Maltsch ist ein relativ seichter Fluss, in dem man nicht schwimmen konnte. Da sie aber bei der Mühle aufgestaut war, zog es Maria mit ihrem kleinen Sohn immer wieder dorthin, da es in der Umgebung die einzige Möglichkeit war zu schwimmen. Dort machte „Kurti" mit dem nassen Element seine erste Bekanntschaft.

Eines Tages, als sie wieder einmal mit Sohn Kurti unterwegs war, der im Sportwagerl saß, kam ein Tiefflieger auf sie zu. Ihr blieb vor Schreck das Herz fast stehen, doch der Pilot machte keine Anstalten, auf sie zu schießen. Urplötzlich wurde die Sonne durch eine vorüberziehende Wolke verdunkelt und strahlte sie von hinten an. Als Maria zum Himmel aufblickte, hatte sie eine wundersame Erscheinung, die ihr Leben grundlegend verändern sollte. Die Form der Wolke wurde noch durch die Strahlen der Sonne, die das Haupt der Gnadenmutter umspielten, verstärkt. Diese Erscheinung lächelte der auf der Erde wie zu einer Salzsäule Erstarrten gütig zu. Das Bild zerfloss und in diesem Augenblick erinnerte sie sich an die Worte des Handlesers in Prag. Ihr war nun klar, dass ihr tatsächlich noch Schweres bevorstünde. Sie wandte sich ihrem Kind zu und dieses fragte sie: „Mutti, warum weinst du denn?"

„Als im März 1945 eine Flüchtlingsfrau aus Schlesien, die in unserem Haus Aufnahme gefunden hatte, eines Tages zu mir sagte: ‚Was haben Sie für ein schönes Heim! Gott gebe, dass es Ihnen nicht genommen wird!', da habe ich mich innerlich gefragt: Warum sollte ich mein Heim verlieren?"

(Zitat Maria Treben)

Man sah damals bereits den deutlichen Zusammenbruch. Die Trebens wohnten in einer Gegend, in der während des ganzen Krieges keine einzige Bombe gefallen war;

still und verträumt lag das kleine Städtchen am südlichen Rande des Böhmerwaldes und es kam einem wirklich nicht im Entferntesten in den Sinn, einmal die Heimat und somit Haus, Besitz und Heim zu verlieren.

Zu dieser Zeit war das nahe Kriegsende bereits zu spüren, obzwar Kaplitz ja nie unmittelbar Kriegsschauplatz gewesen war.

Im Jahr 1945 verließen die Russen als Besatzungsmacht das Haus, die Familie musste über Nacht – nur mit dem Notwendigsten ausgestattet – das Haus in der Graznerstraße verlassen und wurde in der Maltschgasse einquartiert. Ernst wurde von den Tschechen festgenommen und eingesperrt.

In dieser Zeit des Umbruchs wusste man als Sudetendeutscher nicht, ob man die Heimat verlassen müsse oder nicht. Eines Nachts im November 1945 war es dann soweit. Alle Landsleute wurden aus ihren Häusern getrieben, auf offene Lastwagen verfrachtet und dann begann die Fahrt. Wohin wusste keiner. Pro Person durfte man nur 50 kg Gepäck mitnehmen, also wirklich nur das Allernotwendigste.

„Die Austreibung kam für uns alle überraschend. Und wenn ich sage, es war ein Weltuntergang für uns, übertreibe ich nicht. Wie hart es Tausende und Abertausende getroffen hat, davon gibt ein Gedicht des großen sudetendeutschen Dichters Hans Watzlik, der nach dreizehnmonatiger tschechischer Haft nach Deutschland kam und im November 1949 starb, Zeugnis."

(Zitat Maria Treben)

Es kam ihr eines Tages ins Haus geflattert und weil es die so tief in ihr geschlagene Wunde veranschaulicht, wollen wir es hier einfügen.

UNTER EINE FÖHRE

O Föhre, du des rauen Pfälzerlandes
schwermütig grüner, dunkelgrüner Ast,
vergönn' dem müden, heimatlosen Wandrer
in deiner Nähe hier die kurze Rast!

Du Baum am Wege, deine Träumerstille
mit banger Frage spricht sie stumm mich an:
Was willst du? Welche Ferne, welcher Wille
hat dich zu mir entsendet, fremder Mann?

O frage nicht Baum! Vergäll' mir nicht die Ruhe!
Ruf nicht Verlor'nes wach mir wunderbar!
Ich starre auf den grauen Staub der Schuhe
und streiche trauernd mir durchs graue Haar.

Denk nicht zurück mein Herz der sel'gen Orte,
denk nicht, wie schön es einst gewesen ist!
Ach, herrlich über alle Menschenworte
der Heimatwald, dem du entrissen bist!

Denk nicht zurück mein Herz, was du gelitten,
was du verlassen ohne Wiederkehr!
Der Wanderstab aus Böhmens Dorn geschnitten,
beraubtes Herz, du hast ja sonst nichts mehr ...

So steh' ich, dunkle Schuld der Welt zu sühnen
mit meinem Volk im heimatlosen Raum.
Sag, könntest wurzellos du weitergrünen,
schwermütig düst'rer, fremder Föhrenbaum?

(von Hans Watzlik, 1947)

Die Fahrt endete nach zwei Tagen in Bayern, wo Maria mit ihrem Kind, ihrer Mutter und Schwiegermutter in ein Lager, das sich in der Wülzburg befand, gebracht wurde. Die Wülzburg ist ein altes römisches Kastell und liegt auf einer Anhöhe bei Weißenburg in Bayern.

In diesem Lager waren viele Vertriebene aus verschiedensten Regionen des ehemaligen Sudetenlandes auf kleinstem Raum unter katastrophalen hygienischen Bedingungen zusammengepfercht worden. Der Ausbruch von Krankheiten und Seuchen war daher vorprogrammiert. Auch Maria und ihr Kind blieben davon nicht verschont.

Typhus – eine lebensbedrohliche Erkrankung

Beide litten unter Typhus, der schon im letzten Stadium war. In der Sanitätsabteilung wurde ihr Zustand auch nicht besser. Der Lagerarzt wollte aber nicht, dass diese mangelhaften Zustände nach außen drängen, und versuchte, auch ohne die hiefür notwendigen Medikamente Herr der Lage zu werden. Da Maria im Lager durch ihre humorvolle und freundliche Art sehr beliebt war, sprach es sich natürlich herum, dass sich ihr Zustand nicht besserte. Dies kam unter anderem auch einem sudetendeutschen Arzt zu Ohren, der sich unter den Vertriebenen befand. Er suchte sie auf, untersuchte sie und stellte seinen Kollegen zur Rede, warum er die beiden nicht ins Krankenhaus überstellen lasse. Unter diesen Umständen kamen sie ins Krankenhaus nach Weißenburg und verdankten eigentlich dem dortigen Chefarzt Dr. Schneider ihr Leben.

Dieser Chefarzt sagte zu seiner Oberschwester, man könne Maria nur mit dem Saft des Schöllkrauts helfen, denn auch im Krankenhaus fehlten die notwendigen Medikamente. Aber er wisse selber nicht, wo Schöllkraut wachse. Doch die Schwestern wussten es, sammelten Schöllkrautblätter, pressten sie aus und gaben Maria den Saft in einer Vierteltasse Tee zu trinken. Diese Mischung bekam sie zweimal täglich. Ihr Zustand besserte sich zusehends von Tag zu Tag. Auch die gleichzeitig auftretenden Gallenanschwellung und Gelbsucht gingen zurück.

Und einmal mehr waren es die Kräuter, die Maria gesund werden ließen.

„Wer von Ihnen, liebe Leser, schon einmal für längere Zeit im Krankenhaus war, weiß, wie dankbar man für die Hilfe von Ärzten und Schwestern auf der einen Seite ist und wie langweilig einem die Zeit im Krankenstand wird. Als ich von den Schwestern erfuhr, dass der Chefarzt am nächsten Tag Geburtstag hat, schrieb ich mit einem Fettstift auf die Steinplatte meines Nachtkästchens ein Gedicht. Als die Nachtschwester das las, trieb sie in Windeseile ein Stück Papier und einen Bleistift auf – damals war ja wirklich alles knapp – und ich übertrug das Gedicht. Chefarzt Dr. Schneider hat sich über den Reim sehr gefreut. Deshalb will ich Ihnen das kleine Gedicht nicht vorenthalten."

(Zitat Maria Treben)

HERRN CHEFARZT DR. SCHNEIDER ZUM 65. GEBURTSTAG

Es stand auf einem Berge
im schönen Bayernland,
ein Schloss aus Stein gefüget,
Wülzburg ward es genannt.

Die Burg, sie sah sehr finster
von drauß und drinnen aus
und alle, die hier wohnten, sie sehnten sich hinaus.

Einst zog nach diesen Landen
ein Heimatlosen-Heer,
sie kamen auf die Wülzburg –
die Herzen waren schwer ...

Da spielt den armen Menschen
das Schicksal einen Streich,
denn einige von ihnen,
die wurden krank und bleich,

bekamen hohes Fieber,
Kopfweh, Erbrechen auch
und Durchfall. Denn die Krankheit
saß in Gedärm und Bauch.

Doch wie oft hartes Schicksal
gleicht himmlische Hände aus:
Die Kranken kommen alle
ins Städt'sche Krankenhaus.

Nach Weißenburg gefahren,
wo Dr. Schneider wirkt,
für rasche Heilung
sein guter Name bürgt.

Er schreitet an die Betten,
erkennt mit sicherm Blick
die Krankheit. Und er wendet
sie ab mit viel Geschick.

Er treibt mit kundigen Händen
die Schmerzen aus dem Bauch.
Es steht ihm treu zur Seite
Herr Doktor Riemann auch.

Und auch die liebe Schwester,
Margret heißt sie mit Nam',
so hilfreich, gütig, fleißig,
hilft ihm, wo sie nur kann.

Wer sollte da nicht rühmen
des Arztes Tüchtigkeit,
wer sollte da nicht singen
sein Loblied weit und breit?

Dass Gott in SEINER Güte
für Menschen jung und alt
den lieben Doktor Schneider
am Leben lang erhalt,

dass er mit seinem Wissen
als gütiger Mensch zugleich
in diesem Hause wirke
so hilf- und segensreich:

Das wünschen wir von Herzen,
die krank zu Zeit hier sind
und bei ihm Hilfe finden
so rasch und so geschwind!

Maria Treben
als sudetendeutsche Vertriebene, Weißenburg in Bayern,
11. Feber 1947

Bis zu ihrer vollständigen Genesung verbrachte Maria sechs Monate im Krankenhaus. Eigentlich hätte sie ja schon lange mit den Müttern und dem Kind von der Wülzburg verlegt werden sollen. Durch ihre Krankheit wurde dies alles zunichte gemacht, da Maria nicht transportfähig war.

Als der Transport möglich war, wurde die Familie in Nennslingen, einem Dorf, einquartiert. Man kann sich denken, dass nicht alle zusammen in einem Haus untergebracht werden konnten, sondern die Mütter wohnten jeweils bei einer Familie und Maria und Kurt lebten in einer kleinen Dachkammer eines Bauern, die dem Sohn des Hauses gehörte.

So gut es ging, richtete man sich ein und Maria, der es ja nie an irgendwelchen Dingen gemangelt hatte, musste sich nun vollkommen umstellen.

Das Brot holte sie von einem zwanzig Kilometer entfernten Ort, mit dem Bauern durfte sie ab und zu aufs Feld fahren, um dann im Wald Holz zu sammeln oder Feldfrüchte aufzulesen. Auch fand sie hie und da eine Nuss, die sie zum Trocknen auflegte, um ihrem Sohn eine Freude zu bereiten. Sie pflückte auch Heidel- und Preiselbeeren, die, mit Milch angerührt, eine herrliche Aufbesserung der sonst so tristen Kost ergaben.

„Die Aussiedelung aus der Heimat lehrte mich, was Besitzlosigkeit heißt. Ich musste unser Haus mit seinen wertvollen Möbeln, unseren gesamten Familienschmuck, all das Tafelsilber und teure Porzellan von einem Tag auf den anderen zurücklassen. Natürlich schmerzte das. Natürlich war dies ein großer ideeller und materieller Verlust. Aber diese Erfahrung zeigte mir auch, wie vergänglich all diese Dinge sind, wie unbedeutend für das Leben und Überleben. Und deshalb erschreckt es mich bisweilen, wie viel Wert Menschen in unserer Zeit solch materiellen Dingen beimessen. Ist es nicht schrecklich, wenn man heute sagt, das Auto sei unser aller liebstes Kind?

Nach der Aussiedlung kam die Irrfahrt durch deutsche Flüchtlingslager, die Suche nach einer neuen Heimat. Ich musste lernen, unter primitivsten Umständen zu leben. Das ist mir so schwer gefallen wie all meinen Leidgenossen. Doch ich habe nie den Mut und die Zuversicht verloren. Ich habe niedrigste Arbeiten ohne Murren verrichtet, meine Freundlichkeit nie versteckt und anderen, denen es besser ging, nie einen Vorwurf gemacht. Ich half, wo ich helfen konnte, und habe dafür manch unerwartete Hilfe zurückbekommen. Sei es, dass ich meine Wäsche in einem Garten aufhängen durfte, von einer Bäuerin ein paar Äpfel zugesteckt bekam oder ganz einfach die Erlaubnis erhielt, mich an einem Brunnen mit frischem Wasser zu waschen. All diese Nichtigkeiten empfand ich wie ein Geschenk. In dieser Zeit habe ich gelernt, dass ein gemeinsames Schicksal leichter zu ertragen ist und dass solch eine außergewöhnliche Situation nur schicksalhaft wird, wenn man den Glauben an die Zukunft verliert."

(Zitat Maria Treben)

Erst im Jahr 1947 wurde Ernst, der von den Tschechen 1945 festgenommen und inhaftiert worden war, entlassen. Er nahm seine Tätigkeit bei der OKA wieder auf und betreute als Rayonsleiter das obere Mühlviertel. Seine Dienststelle war in Lembach. In einem kleinen Dorf namens Witzersdorf fand er ein nettes Ausgedingehaus und konnte so seine Familie, die sich zu dieser Zeit noch in Bayern befand, zu sich nach Österreich holen.

In der Zwischenzeit hatte ihr Mann herausgefunden, wo sich Maria und ihre Familie befanden. Es herrschte zwischen beiden reger Briefverkehr und so war es nicht weiter verwunderlich, dass der Tag herbeikam, an dem Ernst seine Maria endlich wieder in die Arme schließen konnte. Denn beide liebten sich nach wie vor und Maria wäre es während dieser ganzen Zeit der Trennung und Entbehrungen nie in den Sinn gekommen, einen anderen Mann auch nur anzuschauen, geschweige denn, ihren Mann zu betrügen.

Maria erzählte einmal in diesem Zusammenhang:

„Mit dem Kriegsende verbinden sich schreckliche Erfahrungen. Ich war lange Zeit von meinem Mann getrennt und habe mit Abscheu verfolgen müssen, wie viele Frauen diese furchtbaren Zeiten als Entschuldigung benutzten, um ihre Männer zu betrügen. Vor ihnen habe ich alle Achtung verloren. Treue gehört zu den Werten, ohne die ich nicht leben könnte. Denn Treue ist mehr als eine leere Formel. Sie bedeutet Geborgenheit selbst in größter Gefahr, Verbundenheit mit dem Partner selbst bei lang dauernder Trennung, eine Portion Sicherheit, ohne die ich nicht durchs Leben gehen wollte."

(Zitat Maria Treben)

Oberösterreich – das neue Zuhause

So wurde die Familie wieder vereint und fand in Österreich Ende 1947 ein neues Zuhause.

Das Ausgedingehaus, das Ernst in Witzersdorf ausfindig gemacht hatte, wurde vom Keller bis zum Dachboden umgekrempelt und ausgelüftet, neue Möbel wurden angeschafft und im Garten vor dem Haus gedieh zum ersten Mal wieder eigenes Gemüse. Der Brunnen musste noch von Hand bedient werden, er lieferte das Wasser für den Haushalt. Das Häuschen bestand aus vier Räumen – davon lag einer im ersten Stock –, einem Ziegenstall und einer kleinen Scheune, in der Holz gelagert wurde. Maria, Ernst und Sohn Kurt schliefen in einem Raum, die beiden Mütter (Marias Mutter und Schwiegermutter) bewohnten den ersten Stock und Georg (Marias Neffe – siehe später), der auch zur Familie gehörte, teilte einen Raum mit Holz ab, flämmte es mit einer Lötlampe und benutzte einen Teil als Schlafgemach und der andere diente als Vorratskammer.

Das größte Zimmer aber war Küche und Stube zugleich. In diesem spielte sich praktisch das ganze Leben der Familie ab.

Maria hatte, wie schon erwähnt, zwei Schwestern. Die jüngere der beiden, Anni, starb im Alter von 23 Jahren. Sie hinterließ einen kleinen Jungen namens Georg, der in der Obhut seiner Großmutter in Prag aufwuchs. Georg wurde genau wie alle anderen Jungen mit 17 eingezogen, kam in Gefangenschaft der Amerikaner und wurde nach Schwabach gebracht. Durch den Suchdienst des Roten Kreuzes konnte der Kontakt wieder hergestellt werden und auch Georg zog mit einiger Verspätung nach Witzersdorf.

Witzersdorf ist ein kleines Dorf im oberen Mühlviertel (liegt im nördlichen Teil Oberösterreichs), in dem es damals sieben Bauernhöfe gab. Das Mühlviertel ist bekannt für seine herrliche, hügelige Landschaft, seine klaren, eisenhältigen Flüsse und Bäche, seine Wälder, in denen sich das Moos wie ein grüner Teppich ausbreitet, seine Seen, die dir wie dunkelgrüne Augen zulächeln, die Wiesen und Felder, die eingebettet zwischen Tannenwäldern liegen, die gute, reine Luft und die mit ihrer Erde verwachsene Bevölkerung.

Es war nicht leicht für Maria, sich in dieser neuen Umgebung als vermeintlicher Eindringling einzugewöhnen, einzig und allein die wunderbare Natur gab ihr wieder neue Hoffnung und Lebensfreude.

Der Bauer, dem das Häuschen gehörte, hatte eine große Landwirtschaft. Er war der größte Bauer im Dorf.

Da Maria in Kaplitz während ihrer Schwangerschaft bei einem Bauern am Radischberg einschlägige Erfahrungen gesammelt hatte, fiel es ihr natürlich relativ leicht, dem Witzersdorfer – so war der Name des Bauern – zur Hand zu gehen. So gewann sie nach und nach das Vertrauen der Bauersleute.

Es war ein regnerischer Tag. Der Sohn der Bauersleute kam von der Schule nach Hause und hängte seine durchnässte Kleidung zum Trocknen auf die Stangen, die den Kachelofen umgaben. Beim Herunterspringen verfing sich der Bub an einem Schöpflöffel, der aus einem Topf auf dem Ofen herausragte, riss diesen mit sich und der ganze siedend heiße Inhalt ergoss sich über ihn. Er schrie so laut vor Schmerzen, dass selbst Maria ihn bis in ihr kleines Häuschen brüllen hörte. Voll Ahnung, dass sich etwas Schreckliches ereignet hatte, lief sie ins Bauernhaus. Sie fand die Bäuerin völlig kopflos in Panik, da der nächste Arzt eine Dreiviertelstunde entfernt wohnte und es weder Telefon noch Auto gab. Maria erinnerte sich, dass sie irgendwann einmal gehört hatte, Eiklar helfe bei solchen Verbrennungen. Also ließ sie acht Eier holen, trennte das Klar vom Dotter und strich das Eiklar auf ein Leinentuch. Dieses legte sie dem Jungen auf die verbrühten Stellen und sein Schreien ging allmählich in ein leises Wimmern über. Maria drängte darauf, den Arzt zu holen. Dieser kam nach zwei Stunden. Bis dorthin hatte sich der Bub beruhigt. Der Arzt war mit dem Hausmittel einverstanden und versorgte das Kind. Bei eventuell auftretendem Fieber müsste man ihn noch einmal holen. Das war aber nicht notwendig, da in den nächsten Tagen kein Fieber auftrat und sich auch der Zustand des Buben nach weiteren Umschlägen zusehends besserte.

In dieser Umgebung wuchs ihr Sohn Kurt heran. Zwischen Witzersdorf und Lembach schlängelte sich ein Fluss durch das Tal, der Daglesbach. Er war häufig Ziel von Maria und ihrem Sohn. Georg brachte eines Tages einen wunderschönen Schäferhund mit, der auf den Namen Rolf (wie könnte es auch anders sein) hörte. Er stammte von einem Zöllner und war abgerichtet. Von da an war der Hund Marias ständiger Begleiter. Leider war er auch auf den Sohn Marias etwas eifersüchtig, denn Rolf wollte Marias Zuneigung ganz für sich allein beanspruchen.

Erstmalige Anwendung der Ringelblumensalbe

Als sie wieder einmal zu dritt – Maria, Kurt und Rolf – den Daglesbach aufsuchten, um in seinen kühlen Fluten zu plantschen, lag der Hund im Schatten einer Ulme. Nachdem Kurt genug hatte vom Steineumdrehen, Krebsefangen und Umhertollen im Wasser, sah er sich nach einer neuen Betätigung um. Es fiel ihm nichts Besseres ein, als Rolfi zu sckkieren. Maria hörte den Hund knurren und gleich darauf ein geiferndes Zuschnappen. Dreimal biss er zu, bis Maria ihn zur Räson bringen konnte. Aber da war es bereits zu spät. Sie sah ihr Kind blutüberströmt. Die Nase hatte am meisten abbekommen. Trotz ihres Schocks tat Maria das einzig Richtige. Sie nahm ein Taschentuch, tränkte es mit kaltem Wasser und machte so ihrem Sohn eine Kompresse auf die Nase. Dann liefen sie, so schnell sie nur konnten, nach Hause. Auf den Rat einer Bäuerin hin, es mit Ringelblumensalbe zu versuchen, besorgte sich Maria Schweineschmalz und pflückte von der Menge der Ringelblumen, die vor dem Haus wuchsen. Nach Herstellung der Ringelblumensalbe strich sie diese dick auf Kurts Nase und machte ihm einen Verband, den er, was ihm wegen der Schulferien möglich war, auch tagsüber trug. Das Rezept zur Herstellung der Ringelblumensalbe erfuhr sie ebenfalls von der Bäuerin. Nachdem es nicht mehr notwendig war, dass Kurt den Verband trug, wurden die Narben mehrmals täglich mit der Salbe bestrichen. Bis zum Schulbeginn war alles wieder in Ordnung, nur ein paar winzige Narben blieben zurück.

Österreich wurde im Jahr 1948 von den Besatzungsmächten territorial aufgeteilt. Die Russen besetzten das Gebiet nördlich der Donau und die Amerikaner waren südlich davon.

Maria erfuhr durch den Suchdienst des Roten Kreuzes den Aufenthaltsort ihrer Schwester Hilde, die sich noch im amerikanisch besetzten Bayern aufhielt. So entstand zwischen beiden ein reger Briefwechsel und es wurde ein Treffen in Linz – in der amerikanischen Zone – vereinbart. Dies war aber nicht so leicht. Da ja die Donau die Demarkationslinie war, brauchte man für den Übertritt einen gültigen Reisepass. Nach Einholung sämtlicher Formalitäten bei der russischen Kommandantur konnte es endlich losgehen.

Der Autobus fuhr mit Maria und ihrem Sohn um fünf Uhr los und die Fahrt dauerte drei Stunden. Der Übertritt war nervenaufreibend. Dreimal wurde kontrolliert und Leibesvisitationen durchgeführt. Dann durfte man passieren.

Es war rührend, wie sich die beiden Schwestern nach so langer Trennung wiedersahen und in den Armen lagen. Es gab ja so viel zu berichten …

Der Tag wurde fast zu kurz, denn noch am selben Abend mussten sie mit dem Bus wieder ins Mühlviertel zurückfahren und der Alltag nahm wieder seinen Lauf.

Nach der letzten Heumahd werden die Kühe auf die Weide getrieben, um das noch verbliebene Gras zu fressen. In diese Zeit fällt auch die Blüte des Thymians oder Kuddelkrauts, der an Böschungen und auf sandigem Boden wächst. Der würzige Duft ist weithin zu riechen, so zieht er auch eine Menge Bienen an, die emsig am Werk sind, Blütenhonig zu sammeln.

Maria erzählt über ihren Sohn Kurt, der ja auch so wie sie an Bauchtyphus erkrankt war:

Thymian als Lebensretter

„Mein damals sechsjähriger Sohn hatte seine schwere Typhuserkrankung von vor zwei Jahren noch nicht überwunden. Er hatte damals fünf Wochen lang täglich 40° Fieber und war sechseinhalb Monate im Krankenhaus. Als er im oberösterreichischen Mühlviertel die Schule begann, war er ein blasser, magerer Junge. Der Arzt, den ich konsultierte, war selbst typhuskrank gewesen. Er meinte, dass eine solche schwere Infektionskrankheit sieben Jahre im Körper bliebe. Er gab Verhaltensmaßregeln für die nächste Zeit, vor allem wegen der krankhaften Appetitlosigkeit. Zwischen seinen Mitschülern, lauter gesunden Bauernjungen, saß er blass, oftmals weiß wie die Wand, sodass seine Lehrerin manchmal fragte, ob ihm etwas fehle, was er jedes Mal verneinte. Da sein Schulweg durch ein einsames Waldstück führte, brachte ich ihn täglich zur Schule und holte ihn nachmittags wieder ab. Gerade in diesem Wald begegnete uns eine Frau, die vor uns stehen blieb und erschrocken zu mir sagte: ‚Was haben sie da für ein armes Büblein?' So habe ich ihr, obwohl ansonsten ungern, von der schweren Typhuserkrankung meines damals vierjährigen Kindes nach der Austreibung aus der sudetendeutschen Heimat erzählt. ‚Nur Kuddelkraut! In Kuddelkraut baden, das wird helfen!' Der gute Engel in Gestalt einer einfachen Landfrau meinte damit den Wiesenthymian, der zu eben dieser Zeit in allen Schattierungen von hell- bis dunkelrosa auf den Wiesenhängen und Böschungen blühte. Ich holte mir sofort beim Heimkommen einen Zehn-Liter-Eimer, den ich randvoll mit Thymian anfüllte. Meine Mutter gab mir den guten Rat, nach Pfarrer Kneipp die heimgebrachten Kräuter über Nacht kalt zu wässern, damit durch Kochen keine Heilkraft verloren gehe.

Als wir am nächsten Tag nachmittags von der Schule nach Hause kamen, wurden die angesetzten Kräuter ange-

wärmt. Ich kniete mich mit dem Kind vor dem Herrgottswinkel nieder, wir baten um SEINE Hilfe. Dann hob ich ihn ins duftende Bad und ließ ihn nach Pfarrer Kneipp genau zwanzig Minuten baden. Genau nach zehn Minuten gab es rote Backen; als ich nach zwanzig Minuten mein Kind aus der Wanne hob, hatte ich das Gefühl, als öffne sich oben am Scheitel ein Knopf, der zwei Schalen rechts und links fallen ließ. Ein anderes, endlich gesundes Kind lag in meinen Armen, ein Kind mit roten Backen. Hier erkannte ich deutlich Gottes Allmacht, SEINE Fügung durch SEINE Kräuter.

Nun will ich auch noch hinzufügen, dass der Appetit meines Kindes sich ganz von allein einstellte, es körperlich von Tag zu Tag bergauf ging.

Der Bädereinsatz mit Wiesenthymian ist für Schwerkranke, soweit sie noch ein Bad nehmen können, ein Sprung in die Gesundheit. Man nimmt 100 bis 120 g Thymian für ein Vollbad. Das Herz muss außerhalb des Wassers sein. Die Badedauer beträgt 20 Minuten.“

(Zitat Maria Treben)

Da Ernst seine Dienststelle in Lembach hatte, übersiedelte die Familie 1951 dorthin. Die Wohnung war nicht sehr groß, die beiden Mütter wurden getrennt untergebracht. Die Mutter von Ernst bei einem Zahnarztehepaar und Marias Mutter fand im Hause eines Metzgermeisters ein Zimmer.

Georg fand im Mühlviertel seine große Liebe, heiratete und zog mit seiner Frau nach Oberkappel, wo er als Betriebswärter der OKA eine Anstellung gefunden hatte.

Allerdings stand der Familie Treben wieder eine Übersiedlung ins Haus, da Ernst von der OKA als Rayonsleiter nach Grieskirchen, einer kleinen Stadt in Oberösterreich, berufen wurde. Diese fand 1953 statt, wobei man sich in der Bahnhofstraße 23 häuslich niederließ. Leider war es auch hier nicht möglich, die ganze Familie in einer Wohnung unterzubringen.

Maria hatte auch hier bald Kontakt zu verschiedenen Leuten in und um Grieskirchen geschlossen.

Wie Maria Treben zu dem Rezept zur Herstellung von Schwedenkräutern kam

Im Freundeskreis plauderte man über verschiedene Dinge, so auch zwangsläufig über Hausmittel, deren Wirkungen auf Erkrankungen und bald sprach es sich herum, dass Maria über Heilkräuter sehr genau Bescheid wusste. So verwundert es eigentlich niemanden, dass Maria von einer Bekannten eine Abschrift einer alten Handschrift über Schwedenkräuter in die Hände bekam.

Diese war von einem schwedischen Arzt namens Dr. Samst abgefasst und beinhaltete ein Rezept zur Herstellung eines Kräuterextraktes, auch Lebenselixier genannt:

Man nehme ein großes Glas (am besten ein 5-Liter-Gurkenglas, das lässt sich sehr gut verschließen), verschiedene Kräuter, setze sie in einem 38%igen kernlosen Schnaps an, lasse das Ganze an einem sonnigen oder warmen Plätzchen stehen, schüttle jeden Tag kräftig und seihe es nach circa 14 Tagen ab. Die Handschrift verspricht, man könne dieses Elixier sowohl innerlich als auch äußerlich anwenden und es würde in jedem Fall helfen.

Marias Mutter bekräftigte sie auch darin, dieses Rezept einmal auszuprobieren.

Die Heilkraft der Schwedenkräuter
(Abschrift nach der „Alten Handschrift“)

1. Wenn man öfter daran riecht oder schnupft, den Kopfwirbel befeuchtet, einen feuchten Lappen auf den Kopf legt, vertreiben sie Schmerz und Schwindel, stärken das Gedächtnis und das Gehirn.
2. Sie helfen gegen trübe Augen, nehmen Röte und alle Schmerzen, selbst wenn die Augen entzündet, trüb und verschwommen sind. Sie vertreiben auch die Flecken und den grauen Star, wenn man zeitgerecht die Augenwinkel befeuchtet oder einen feuchten Lappen auf die geschlossenen Augen legt.
3. Pocken und Ausschlag aller Art, auch Krusten in der Nase oder wo immer am Körper werden geheilt, wenn man oft und gut befeuchtet.
4. Bei Zahnschmerzen gibt man in etwas warmes Wasser einen Esslöffel voll dieser Tropfen und behalte einige Zeit diese Flüssigkeit im Mund oder man befeuchte den schmerzenden Zahn mit einem Lappen. Der Schmerz verschwindet und die Fäulnis klingt ab.
5. Blasen an der Zunge oder sonstige Schäden werden mit den Tropfen fleißig befeuchtet, wodurch die Heilung in kurzer Zeit eintritt.
6. Wenn der Hals erhitzt oder wund ist, sodass man Speis und Trank schwer schlucken kann, so nehme man morgens, mittags und abends von den Tropfen, lasse sie langsam hinab und sie nehmen die Hitze und heilen den Schlund.
7. Hat man Magenkrämpfe, so nehme man bei einem Anfall einen Esslöffel voll.
8. Bei Kolik nehme man drei Esslöffel voll ein, langsam nacheinander, man wird bald die Linderung verspüren.
9. Sie zerteilen im Leib die Winde und kühlen die Leber,

vertreiben alle Magenleiden und die der Eingeweide und helfen bei Stuhlverstopfung.

10. Sie sind auch ein treffliches Mittel für den Magen, wenn er schlecht verdaut und die Speisen nicht behält.
11. Ebenso helfen sie bei Gallenschmerzen. Täglich früh und abends ein Esslöffel voll und bei Nacht Umschläge mit den Tropfen, werden alle Schmerzen bald vergehen.
12. Bei Wassersucht nehme man sechs Wochen hindurch früh und abends einen Esslöffel voll in weißem Wein.
13. Bei Ohrenschmerzen und Ohrensausen befeuchte man ein Bäuschchen und stecke es ins Ohr. Es hilft sehr gut und bringt selbst das verlorene Gehör wieder.
14. Wenn eine Frau Mutterschmerzen hat, so gebe man ihr drei Tage hindurch früh einen Esslöffel voll in rotem Wein, lasse sie nach einer halben Stunde einen Spaziergang machen, dann kann sie frühstücken, jedoch ohne Milch. Auf Milch sollen die Tropfen nicht genommen werden.
15. In den letzten 14 Tagen der Schwangerschaft früh und abends einen Esslöffel davon einnehmen, fördert die Geburt. Um die Nachgeburt leichter loszuwerden, gibt man den Wöchnerinnen alle zwei Stunden einen Kaffeelöffel voll, so lange, bis die Nachgeburt ohne Wehen abgeht.
16. Stellen sich nach der Geburt beim Einschießen der Milch Entzündungen ein, werden sie bei Auflegen von feuchten Lappen rasch genommen.
17. Sie treiben den Kindern die Blattern heraus. Man gebe den Kindern je nach Alter von den Tropfen verdünnt mit Wasser. Wenn die Blattern zu trocknen beginnen, befeuchte man sie öfters mit den Tropfen, es bleiben keine Narben.
18. Sie dienen den Kindern und Erwachsenen gegen Würmer, ja sogar Bandwürmer vertreibt man damit, nur

muss man sie den Kindern je nach Alter verabreichen. Einen feuchten Lappen mit den Tropfen auf den Nabel binden und ihn immer feucht halten.

19. Bei Gelbsucht werden sehr bald alle Beschwerden genommen, wenn man dreimal täglich einen Esslöffel von diesen Tropfen nimmt und auf die angeschwollene Leber Umschläge macht.
20. Sie öffnen alle Goldadern, heilen die Nieren, führen hypochondrische Flüssigkeiten ohne weitere Kur aus dem Körper, nehmen Melancholie und Depressionen, regen Appetit und Verdauung an.
21. Es öffnet auch inwendig die goldene Ader, wenn man sie anfangs öfters anfeuchtet und sie durch Einnehmen von innen erweicht, besonders vor dem Schlafengehen. Man lege äußerlich ein mit Tropfen befeuchtetes Bäuschchen auf. Es macht das übrige Blut fließend und hilft gegen das Brennen.
22. Wenn jemand in Ohnmacht liegt, gebe man ihm einen Esslöffel der Tropfen zu riechen und der Kranke wird zu sich kommen.
23. Dieses Mittel vertreibt auch den Schmerz der stillen Freisen durch Einnehmen, sodass sie mit der Zeit aufhören.
24. Bei Lungensucht täglich früh nüchtern davon nehmen und die Kur sechs Wochen lang fortsetzen.
25. Wenn eine Frau ihre monatliche Reinigung verliert oder dieselbe zu stark hat, nimmt sie diese Tropfen drei Tage ein und wiederholt dies zwanzig Male. Es wird, was zu viel ist, stillen und was zu wenig ist, ausgleichen.
26. Dieses Mittel hilft auch gegen den weißen Fluss.
27. Ist jemand mit der fallenden Krankheit behaftet, so muss man ihm auf der Stelle davon eingeben. Der Kranke soll dann ausschließlich das Mittel nehmen,

denn es stärkt sowohl die angegriffenen Nerven als auch den Körper und behebt alle Krankheiten.

28. Sie heilen Lähmungen, vertreiben Schwindel und Übelkeit.
29. Sie heilen auch die hitzigen Blattern und Rotlauf.
30. Hat jemand Fieber, hitzig oder kalt, und ist völlig schwach, so gebe man ihm einen Esslöffel davon ein und der Kranke, wenn er nicht mit anderen Mitteln den Körper belastet hat, wird in kurzer Zeit zu sich kommen, der Puls wird zu schlagen beginnen und wenn das Fieber noch so hoch war, dem Kranken wird bald besser werden.
31. Die Tropfen heilen auch Krebs, alte Blattern und Warzen, aufgesprungene Hände. Ist eine Wunde alt und eitrig oder wildes Fleisch daran, so wasche man alles gut mit weißem Wein aus, dann lege man einen mit den Tropfen befeuchteten Lappen darauf. Sie nehmen Geschwülste und Schmerzen, ebenso wie das wilde Fleisch und die Wunde anfangen zu heilen.
32. Sie heilen ohne Gefahr alle Wunden, sie mögen gehauen oder gestochen sein, wenn sie öfters damit befeuchtet werden. Man nehme einen Lappen, tunke ihn darin ein, überdecke damit die Wunden. Sie nehmen in kurzer Zeit den Schmerz, lassen weder Brand noch Fäulnis zu und heilen auch die alten Wunden, die man durch eine Schussverletzung bekommen hat. Sind Löcher da, so spritze man die Tropfen in die Wunde, die nicht unbedingt vorher gereinigt werden muss. Durch fleißiges Auflegen mit einem angefeuchteten Lappen tritt die Heilung in kurzer Zeit auf.
33. Sie nehmen alle Narben, auch wenn sie noch so veraltet sind, Wundmale und Schnitte, wenn man sie bis vierzigmal damit anfeuchtet. Alle Wunden, die mit diesen Tropfen geheilt werden, hinterlassen keine Narben.

34. Sie heilen auch alle Fisteln von Grund auf, wenn sie auch unheilbar erscheinen; es mag der Schaden so alt sein, wie er will.
35. Sie heilen alle Brandverletzungen, ob sie nun vom Feuer, vom heißen Wasser oder vom Fett herrühren, wenn die Verletzungen fleißig angefeuchtet werden. Es bilden sich auch keine Blasen, die Hitze wird herausgenommen, selbst eitrige Blasen werden von Grund auf geheilt.
36. Sie dienen gegen Beulen und Flecken, mögen sie von einem Stoß oder Schlag herrühren.
37. Wenn jemand nicht mit Appetit essen kann, bringen sie den verlorenen Geschmack wieder.
38. Bei großer Blutarmut bringen sie auch die verlorene Farbe wieder, wenn die Tropfen einige Zeit morgens genommen werden. Sie reinigen das Blut und bilden neues, auch fördern sie dessen Umlauf.
39. Rheumatische Schmerzen in den Gliedern werden genommen, wenn man sie morgens und abends einnimmt und auf die schmerzenden Stellen feuchte Lappen legt.
40. Sie heilen gefrorene Hände und Füße, selbst wenn es offene Stellen gäbe. So oft als möglich, besonders aber in der Nacht, soll man mit den Tropfen befeuchtete Lappen auflegen.
41. Auf Hühneraugen lege man ein mit den Tropfen befeuchtetes Bäuschchen und halte die schmerzende Stelle stets feucht. Nach drei Tagen fallen sie von selbst heraus oder man kann sie schmerzlos herausschälen.
42. Sie heilen auch Bisse von wütenden Hunden und anderen Tieren, indem man die Tropfen einnimmt, denn sie heilen und vernichten alle Gifte. Die Wunden mit einem feuchten Lappen belegen.
43. Bei Pest und anderen ansteckenden Krankheiten ist es

gut, wenn man am Tage öfters davon einnimmt, denn sie heilen Pestgeschwüre und Beulen, selbst wenn sie schon im Halse wären.

44. Wer nachts nicht gut schlafen kann, nehme vor dem Schlafengehen von diesen Tropfen. Bei nervöser Schlaflosigkeit einen mit verdünnten Tropfen befeuchteten Lappen aufs Herz legen.
45. Einen Betrunkenen kann man mit zwei Esslöffel davon auf der Stelle nüchtern machen.
46. Wer täglich diese Tropfen früh und abends nimmt, braucht keine andere Medizin, denn diese stärkt den Körper, erfrischt die Nerven und das Blut, nimmt das Zittern der Hände und Füße, kurz sie nimmt überhaupt alle Krankheiten. Der Körper bleibt straff, das Gesicht jugendlich und schön.

„Alte Handschrift" nach Dr. Samst

Maria las die Abschrift mit großer Begeisterung und versuchte sofort, sich die dafür notwendigen Kräuter zu besorgen. Es gab allerdings nur eine Apotheke in Wien, die diese Kräuter führte. Maria bestellte sie und nach Erhalt setzte sie diese, wie in der Handschrift beschrieben, an.

Später erhielt man die Kräuter auch in einer Linzer Apotheke und durch steigende Nachfrage und Mundpropaganda der betroffenen Leute nahmen dann viele Apotheken, Drogerien und Reformhäuser die Kräuter in ihr Programm.

Als sie einmal über Land spazieren ging, traf sie eine Bäuerin, die ihr ihr Leid klagte. Sie hatte furchtbare Kopfschmerzen und einen Druck am Kopf. Sie meinte zu Maria, es wäre ihr alles egal und man könne mit ihr machen, was man wolle. Daraufhin beruhigte sie Maria und versprach ihr, noch heute ihren Sohn mit einem Fläschchen Schwedenkräuter zu ihr zu schicken. Sie solle sich einen

Umschlag auf die Stirne machen, das werde die Schmerzen lindern.

Am nächsten Tag schaute Maria bei der Bäuerin vorbei, um sich nach ihrem Befinden zu erkundigen. Wie erstaunt war sie aber, als ihr diese quietschvergnügt entgegenkam. Sie habe sich den Umschlag gemacht und noch in der gleichen Nacht sei ein daumendicker Eiterpfropfen durch die Nase abgegangen. Sie sei wieder der glücklichste Mensch auf Gottes Erden, denn nun könne sie ihre Arbeit am Hof voll und ganz verrichten, ohne diesen fürchterlichen Druck am Kopf.

Maria begann die Tragweite der heilenden Wirkung der Schwedenkräuter zu ahnen und fortan waren sie ihr ständiger Begleiter in ihrem Leben und auch auf ihren vielen Vortragsreisen durften sie nie fehlen.

Auch heute noch, nach ihrem Tod, werden sie von ihrem Sohn und ihren Enkelkindern sehr geschätzt und in Ehren gehalten.

Marias Mutter starb Lichtmess 1961. Durch den frühen Tod ihres Vaters war Maria innerlich sehr mit ihrer Mutter verwachsen.

Die Begegnung mit Willfort

Sie glaubte immer eine innere Stimme zu hören, die ihr Mut machte, Heilkräuterempfehlungen weiterzugeben. Bestärkt wurde dieses Gefühl dadurch, dass sie 1961 den großen Biologen Richard Willfort traf. Dieser gab ihrem Leben eine unverhoffte Wendung. Sie war zwar von Jugend an mit der Natur und deren Pflanzen vertraut, aber erst die Begegnung mit Willfort öffnete ihr die Augen für die Wirksamkeit der ihr bekannten Pflanzen. In langen Spaziergängen, auf denen sich beide angeregt unterhielten, weckte er ihr Interesse für die Heilkräuter und gab sein umfangreiches Wissen an sie weiter.

Sie begann mit alten Menschen aus der Landbevölkerung Erfahrungen auszutauschen, las alte Kräuterbücher und wuchs so allmählich in die Heilkräutermaterie hinein. Sie probierte die alten Rezepte, begann für den Hausgebrauch Kräuter zu sammeln, setzte ihre ersten Essenzen an und lernte die Wirksamkeit der Heilkräuter kennen.

Das neue Einfamilienhaus in Grieskirchen war bis zur Pension ihres Mannes fertiggestellt

Nach der Fertigstellung der Oberösterreichischen Kraftwerke AG (OKA), Rayonsleitung Grieskirchen, übersiedelte die Familie in die Trattnachtalstraße 40, eine Dienstwohnung der OKA.

Nach langjähriger Benützung der Dienstwohnung entschlossen sich Maria und Ernst, ein eigenes Heim zu schaffen. Am Kalvarienberg, einem Stadtteil Grieskirchens, erstand Ernst ein Grundstück und schenkte es Maria zur Hälfte, die überhaupt nichts davon geahnt hatte, zum Hochzeitstag. Jetzt begann reges Schaffen. Vier Jahre dauerte der Hausbau. Sie hatten ja Zeit. Trotz ihres fortgeschrittenen Alters, beide immerhin schon sechzig, arbeiteten sie mit vollem Eifer auf ihrer Baustelle.

Der letztmalige Umzug der Familie nach der Vertreibung aus der Heimat erfolgte 1972 ins neue Haus. Das Haus war so groß bemessen, dass auch für Marias Schwiegermutter genug Platz vorhanden war.

Als Ernst in den verdienten Ruhestand trat, widmete er sich ganz dem Hobby von Maria.

„Mein Mann teilte das Interesse an meinem Hobby und als er in den verdienten Ruhestand trat, begleitet er mich fast ständig auf meinen Ausflügen in die Natur. Heute wissen wir beide, wie wichtig diese Entwicklung war. Wir hatten eine neue Aufgabe, die uns jung erhielt. Die viele Bewegung an der frischen Luft kam unserer Gesundheit zugute. Wie viele Menschen verzweifeln, wenn sie im Pensionsalter aus dem Arbeitsalltag herausgerissen werden und plötzlich vor einer Leere stehen, in der sie fürchterlich schnell vergreisen. Für uns stellte sich diese Situation nie. Allein Haus und Garten forderten ihren Mann."

(Zitat Maria Treben)

Maria Trebens Bestimmung – die Heilkräuter

Da Marias Mutter, wie schon erwähnt, eine große Kneipp-Anhängerin war, sah sich auch Maria nach einem geeigneten Kurhaus um, das Kuranwendungen nach Pfarrer Kneipp durchführte. So kam sie das erste Mal 1971 nach Bad Mühllacken. Weil alle Kurgäste begeisterte Kneipper waren, überredete Sr. Engelberta Maria, die ihr fundiertes Wissen über Heilkräuter bei Tischgesprächen zum Besten gab, doch im kleinen Kreis einen Vortrag zu halten. Zögernd willigte Maria ein, nichts ahnend, was ihr noch bevorstehen würde. Bis auf den letzten Platz war der kleine Kursaal gefüllt. Ihr erster Vortrag war ein voller Erfolg. Während ihrer Kur in Bad Mühllacken lernte sie einen geistlichen Herren kennen, der sie überredete, in der vierteljährlich erscheinenden kirchlichen Zeitschrift „Ringelblume" über ihr Wissen von Kräutern und deren Anwendung zu schreiben. Es war also die Geistlichkeit, die Marias erste schriftliche Mission in Sachen Kräutern zu lesen bekam.

Entstehung des Bestsellers „Gesundheit aus der Apotheke Gottes"

Durch diese Veröffentlichungen häuften sich Anrufe und auch Briefe. Sie erhielt Einladungen zu Vorträgen in ganz Österreich. Sie reiste kreuz und quer durch die Bundesländer Österreichs. Ihre Zuhörerschaft wurde von Mal zu Mal immer größer, da ihre Vorträge auf großes Interesse der Bevölkerung stießen. Manche Menschen schnitten ihre Vorträge auf Band mit. Ein derartiges Band eines Vortrages im Bildungshaus St. Pölten im Jahre 1976 hörte eines Tages zufällig Herr Pfarrer Rauscher. Er war Vorsitzender vom „Verein Freunde der Heilkräuter" mit Sitz in Karlstein/Thaya. Umgehend bemühte er sich um Kontaktaufnahme mit Maria. Er beschwor sie eingehend, ein Manuskript zu erstellen, damit alle Menschen nicht nur ihre Vorträge hören, sondern auch etwas Lesbares in Händen halten konnten. Er stellte sich eine einfache Mappe vor, in der jedermann nachschlagen könne. Maria sträubte sich anfangs dagegen, doch als sie in ihren Vorträgen den Wissensdurst der Menschen spürte, gab sie nach. Es kam noch im selben Jahr eine Mappe unter dem Titel „Gesundheit aus der Apotheke Gottes" heraus. Sie umfasste das Wissen Marias um die Heilkräuter selbst und bot Ratschläge, wie man sich bei verschiedenen Leiden und Krankheiten durch Anwendung der Kräuter helfen könne.

Am Büchermarkt gab es ja eine Vielzahl von Kräuterbüchern, aber diese Mappe war etwas Einmaliges. Sie beschrieb in einfacher Form, war für jeden verständlich und gab Anleitung zu richtigem Sammeln, Aufbewahren und Zubereiten von Kräutern.

Den Druck dieser ersten Mappe übernahm der Verlag Ennsthaler in Steyr.

Durch den plötzlichen Tod von Pfarrer Rauscher, der bei einem tragischen Verkehrsunfall sein Leben ließ, wurde Maria vom Verlag Ennsthaler unter Vertrag genommen.

Diese Mappe wurde daraufhin nicht mehr herausgegeben und der Verlag Ennsthaler brachte unter demselben Titel ein neu gestaltetes Werk heraus.

„Als ein Verleger mich überredete, meine Manuskripte als Buch herauszugeben, war ich gar nicht begeistert. Wer sollte sich schon dafür interessieren, wo doch die Regale in den Buchhandlungen mit naturheilkundlichen Büchern schier überquollen? Ich stimmte zu, unwissend, was das für Folgen haben würde. Nur ein Gedanke beseelte mich, ich wollte dazu beitragen, dass das Wissen über die Heilkraft der Pflanzen nicht völlig in Vergessenheit geriet.

Durfte ich mich dem Wunsch der vielen Menschen entziehen, ihnen mein Wissen und meine Erfahrungen vorzuenthalten? Ich erkannte einen Auftrag. Ich fühlte, dass ich mich den Wünschen meiner Mitmenschen stellen und helfen musste, wo ich konnte. Neben den Vorträgen beschäftigte ich mich noch intensiver mit den Pflanzen und schrieb mein Wissen auf. Ich tat auch dies arglos, dachte weder an Ruhm noch Geld. Beides bedeutet mir nichts."

(Zitat Maria Treben)

Erste Vorträge im Ausland

1977 erfolgte die erste Einladung ins Ausland.

Zuerst bereiste sie die Bundesrepublik Deutschland, später auch die Schweiz. Ihre Vorträge, die sie immer unentgeltlich hielt, waren bis auf den letzten Platz ausgebucht. Bis zu dreitausend Menschen füllten oft einen Saal. Jene, die nicht Platz hatten, standen in den Gängen, um ihren

Worten zu lauschen. Manchmal waren auch Monitore aufgestellt, damit sie alle sehen konnten. Maria hatte auch einen Stammhörerkreis, der ihr zu allen Vorträgen nachreiste.

Nach ihren Vorträgen, die gewöhnlich zwei Stunden dauerten und von denen sie sehr erschöpft war, benetzte sie ihre Augenlieder und Ohren mit Schwedenkräutern. Allein das erfrischte sie so, dass sich Geist und Körper wieder revitalisierten und sie anschließend oft noch bis spät in die Nacht mit einer kleinen Schar ihrer Gastgeber und Anhänger beisammen saß und diskutierte.

Aufgrund ihrer vielen Vorträge und des Verkaufs des Buches „Gesundheit aus der Apotheke Gottes“ bekam sie aus der ganzen Welt Post. Viele verzweifelte Menschen fragten sie brieflich um Rat. Sie konnte aber immer nur in ihren Antwortschreiben auf ihr Buch verweisen, das ja ihr gesamtes Wissen enthielt. Leider mangelte es vielen Leuten an Selbstständigkeit, sich in einem so gut aufgebauten und gegliederten Buch zurechtzufinden.

Auf der anderen Seite waren aber jene zu finden, die ihr Buch genau studierten, diese Ratschläge befolgten und dadurch oft noch Krankheiten ihrer Angehörigen heilen konnten, bei denen jede Hoffnung fehlte. Über diese Post freute sie sich natürlich besonders. Denn nun wusste sie, dass ihr Werk in der heutigen Zeit den Menschen, die doch immerhin fast ausschließlich unter Stress stehen, eine große Stütze war. Es ist nicht jedermanns Sache, sich die Zeit zu nehmen nachzuschlagen, welches Mittel für welche Krankheit hilft, die Kräuter mühevoll zu sammeln oder sich zu besorgen, sie zuzubereiten und wirkungsvoll anzuwenden. Lieber greift man doch in der heutigen Zeit zu Medikamenten, die viel einfacher in der Anwendung sind.

Allerdings nur bei Kräutern kann man mit Sicherheit behaupten: „Hilft es nichts, schaden tut es auf keinen Fall“.

All diese Briefe wurden fein säuberlich gesammelt und nach Datum sortiert. Aus ihnen entstand das Buch „Maria Trebens Heilerfolge".

Doch bei all ihrem Wissen um die Heilkunde vergaß sie nie die Schulmedizin. Es war immer der Arzt, der die Diagnose stellen musste. Jeden verwies sie auch darauf. Sie ließ sich auf keine Experimente ein. Jede gleichzeitige Verwendung von Kräutern sollte möglichst mit dem behandelnden Arzt besprochen werden. Das war ihre Auffassung.

Vor allem lebte sie nach dem Grundsatz: Was Freude macht, soll Freude bereiten.

Das Marienbild

So war es auch, als Maria bei einer sehr guten Freundin ein Bildnis der Mutter Gottes entdeckte. Resi, das war der Name der Freundin, entrümpelte ihren Dachboden, da an diesem Tag in Linz Sperrmüllentsorgung war. Zufällig kam an diesem Tag Maria vorbei. Sie sah sich das verstaubte Stück Leinwand genauer an, wischte es mit einem feuchten Tuch ab und zum Vorschein kam das Abbild der Gottesmutter. Maria fragte, ob es denn notwendig sei, dieses wunderschöne Stück auf den Müll zu werfen. Resi sagte, jahrelang läge es bereits auf dem Dachboden herum und endlich könne sie es entsorgen. Doch die hartnäckige Maria bestand darauf, das Bild nach Hause mitzunehmen. Dort angekommen, brachte sie das gute Stück einem Fachmann, ließ es begutachten und restaurieren. Es war ein Mann aus Marias Bekanntenkreis. Dieser war ein Liebhaber von Antiquitäten aller Art. Er besorgte ihr einen passenden Rahmen für das Marienbild. Nun war die jahrelange Staubschicht entfernt, der passende Rahmen gefunden, das Bild hatte eine einmalige Ausstrahlung. Jeder,

der es sah, bewunderte es und voll Stolz berichtete Maria jedem, der es hören wollte, seine Geschichte. Der Platz im Schlafzimmer von Maria und Ernst war gerade der richtige Ort.

Oh Wunder, welche Kraft ging von diesem Bild aus!

Maria fühlte sich seit der Marienerscheinung in Kaplitz, die ihr sehr nahe gegangen war, mit der Gottesmutter sehr verbunden. Sie fühlte, seit sie das Bild vor der Vernichtung gerettet hatte, dass etwas Wundersames sie beflügelte. Es war wie eine innere Stimme, die sie gemahnte, den Menschen zu helfen, sie wieder zur Natur zurückzuführen. Den Blick der Menschen, die scheinbar durch den Einfluss der Umwelt getrübte Augen hatten, auf Dinge zu lenken, die sie nicht mehr fähig waren wahrzunehmen.

Also vertiefte sich Maria noch mehr in die Materie der Kräuter, las eine Unmenge von alten Schriften und lebte fortan nur mehr für sie.

Zwar hatte Maria ihren Mann und ihre Schwiegermutter zu betreuen, das große Haus und den Garten, aber es machte ihr einfach Spaß zu sehen, wie alles, was sie in die Hand nahm, wuchs und gedieh.

Jeden Tag tranken sie Kräutertee der verschiedensten Sorten, je nach Jahreszeit.

Die Tage gingen dahin, Maria bekam von Tag zu Tag mehr Anrufe und Briefe, als sie bewältigen konnte. Sie hatte sich eigentlich keine Vorstellung davon gemacht, wie viele Kranke und Leidende es überhaupt gab. Vor allem diese furchtbaren Krankheiten wie Multiple Sklerose und Krebs machten Maria sehr zu schaffen, wenn sie wieder von einem Fall erfuhr.

Marias Schwiegermutter starb 1981 im Alter von 96 Jahren.

Die Vortragsreise nach Amerika

Auf einer ihrer Vortragsreisen durch Deutschland lernte sie einen Apotheker kennen. Dieser war von ihr sehr angetan, kam des Öfteren nach Grieskirchen zu Besuch, brachte auch seine charmante Gattin mit und überredete Maria, mit ihm nach Amerika zu fliegen, um dort den Menschen mit ihrem Wissen Freude zu bereiten.

Lange zögerte Maria. Für sie gab es nur ein Problem. Wer versorgte ihren Ernst? Sie war sich darüber im Klaren, dass so eine Reise nicht von heute auf morgen vorzubereiten ist. Das aber war für sie kein Problem. Schließlich war sie noch nie geflogen.In der Nachbarschaft wohnte ein nettes Ehepaar, das sich bereit erklärte, für die Dauer ihrer Abwesenheit für Ernst zu sorgen.

Nun konnte die Reise beginnen. Am 3. Oktober 1984 flog Maria Treben, von ihrem Sohn und ihrer Schwiegertochter begleitet, über den großen Teich. Es war ein Jumbo, eine Boing 747 der Lufthansa, der sie hinüberbrachte. Von Frankfurt bis Los Angeles war keine Zwischenlandung vorgesehen. Elf Stunden dauerte der Flug und die immerhin schon 77-Jährige hielt sich bewundernswert.

In Los Angeles angekommen, ging die Fahrt zuerst einmal nach Malibu. Dorthin, wo die Filmstars ihre Villen haben. Der Sand war feinkörnig und das Meer warm. Maria genoss nach dem langen Flug die schäumende Brandung und die wärmenden Strahlen der Sonne.

Peter, so hieß der Apotheker, hatte alles bis ins Letzte organisiert. Es war ein Empfang, den sich Maria in ihren kühnsten Träumen nicht vorgestellt hatte. Sie sprach doch kein Wort Englisch. Und doch wurde sie mit einer Herzlichkeit empfangen, die ihresgleichen sucht. Sie schüttelte unzählige Hände, überall gab es Plakate, auf denen zu lesen war: „Welcome to Amerika, Maria Treben“.

Das Haus, in dem sie wohnten, lag in Woodland Hill. Der Swimmingpool vor der Tür, Aircondition und eine Hand voll dienstbarer Geister, die alle um ihr Wohlbefinden besorgt waren.

Nur einen Tag lang konnte sie sich akklimatisieren, dann hielt sie ihren ersten Vortrag in einem österreichischen Club.

Es wurde ein voller Erfolg. Nicht nur, dass der Saal überquoll, sie konnte den Vortrag in ihrer Muttersprache halten, da sie alle Leute verstanden. Für Maria war es eine Genugtuung zu sehen und zu spüren, wie ihr die Herzen der Menschen zuflogen. Sie waren ganz in ihrem Bann. Leider kannten die meisten überhaupt keine Kräuter. So war ihr Sohn Kurt damit beauftragt, jeweils zu ihren Ausführungen Dias der genannten Pflanzen zu zeigen. Nach dem Vortrag gab es typisch österreichische Kost und das in Amerika! Es wurde sehr spät in dieser Nacht.

Am nächsten Morgen brach die ganze Crew nach dem Frühstück zur SUMNIT UNIVERSITY auf. Maria sprach dort zu einem Auditorium, gleichzeitig wurde das Ganze auf Video aufgezeichnet.

Einen Tag später bekam sie einen Radiotermin bei ABC und war dort „On the Air" zu hören.

Wie schon erwähnt, konnte Maria kein Englisch. Doch Peters Gattin, die es perfekt sprach, fungierte als ihre Dolmetscherin.

Der Manager des Hilton Hotels ließ es sich nicht nehmen, Maria als seinen Gast für ein abendliches Dinner zu betrachten. Peter organisierte Karten für einen Abend in der Oper.

Zumindest blieb so viel Zeit, um in Hollywood die Filmstudios und Disneyland zu besichtigen.

Weiter ging es nach Kanada. In Vancouver war die erste Landung. Mr. Gursche holte Maria und die übrige Crew (bestehend aus Peter, dem Apotheker und Initiator dieser Reise, seiner Gattin, Peters Rechtsanwalt, Sohn Kurt und Gattin) vom Flughafen ab und brachte sie in ein Hotel. Nach einer ausgiebigen Stadtbesichtigung und Rundfahrt um den Hafen besorgte sich Maria einige Kräuter für den Vortrag. Da Vancouver fast auf demselben Breitengrad wie Linz liegt, sind Fauna und Flora ziemlich ident.

Der Saal war überfüllt. Auch hier begegneten ihr nur Sympathie und Herzlichkeit. Und wiederum konnte sie ihren Vortrag in Deutsch halten. Sie war überglücklich.

Auszug aus dem Tagebuch von Kurt Treben

„Neuerlich ein Tapetenwechsel. Weiter nach Toronto. Ein klein wenig Zeit zum Erholen. Einen Tag lang. Auf dem ‚Queen Elisabeth Highway' zu den Niagara-Fällen. Ein unvergessliches Erlebnis! Und wiederum der Vortrag in Deutsch! Im Edelweiß-Club in Toronto. Ein österreichischer Club mit Österreichern, die sie gezielt nach Grießkirchen fragen, nach Veränderungen in der Stadt. Essen wie zu Hause, Gösser-Bier vom Fass, alles vom Feinsten.

Die Zeit verfliegt rasend schnell. Koffer packen, das Hotel verlassen, einchecken und Mutter findet sich mit ihrer Crew auf dem Flug nach Detroit. Der Autostadt schlechthin. Amerika hat uns wieder.

Am Flughafen wartet Maggi. Verfrachtet die Koffer, lässt uns einsteigen, bringt uns ins Hotel. Ein Traumhotel außerhalb der Stadt. Das Dearborn Hotel von Henry Ford. Gebaut für seine Geschäftspartner und Freunde. Riesige Suiten. Blumen empfangen Mutter, umschmeicheln sie, der man die Strapazen der Reise nicht ansieht. Eine kleine Erfrischung und schon geht es in die Stadt. Wieder Radio, wieder live. Mutter ganz in ihrem Element. Überglücklich über die Reaktion der

Menschen. Kein Frust, nur Freude kommt auf. Alle wollen sie hören, sehen, mit ihr reden.

Am Abend Full House. Als Vorprogramm Autoschau eines japanischen Konzerns. Mutter als Sensation. Typisch Amerika. Der Medienrummel ist ganz groß. Es wird ein langer Abend. Der Andrang ist groß wie nie. Am Ende des Vortrages Standing Ovations. Über zwei Stunden Fragen beantworten. Mutter ist einmalig, wächst über sich hinaus. Ich bin sehr stolz auf sie! Verspürt kein bisschen Müdigkeit, erst um halb ein Uhr nachts kommt sie zum Essen. Hat leuchtende Augen!

Ein neuer Tag, eine neue Aufgabe. Diesmal schon sehr früh. Mit der ersten Maschine nach Chicago. Der Flug dauert eine Minute! Natürlich nur durch die Zeitverschiebung.

Diesmal ist es Abdul, Freund von Peter. Besitzt in Chicago eine Apotheke. Vertreibt speziell Heilkräuter, Salben, Tinkturen aller Art. Rita, Abduls Frau, bringt uns in ihrem Van zum Hotel, dann Lagebesprechung. Mutter ist nun doch etwas müde und abgespannt. Kein Wunder. Vier Stunden Schlaf! Ein wenig Ruhe wird ihr gut tun.

Nachmittags Autogrammstunde in Abduls Apotheke. Gedränge, Menschenmassen. Eine Frau aus Oklahoma berichtete über ihre spastisch gelähmte Tochter. Hilfe und Besserung durch Schwedenkräuter. Hat von Mutters Vortrag gehört, den sie am nächsten Abend hält. Extra hergeflogen, um sie zu sehen, ihr das von ihrer Tochter zu berichten.

Die Autogrammstunde muss verlängert werden. Kein Ende in Sicht. Mutter erschüttert das alles nicht. Freudig signiert sie Buch um Buch. Am Abend Fahrt auf dem Ontario See. Wetter sehr stürmisch, eigentlich ist es saukalt. Der Oktober hat seine Tücken. Aber die Skyline ist wunderschön. Das höchste Gebäude der Welt, der Seurs Tower, sticht ebenso wie das Hankockbuilding heraus. ‚The Dragon', eines der besten Fischrestaurants, sieht Mutter als Gast. Es gibt Hummer, Austern, Krabben und Fisch, jedes eine Delikatesse für sich. Zum

Nachtisch Obst und last but not least, den unvermeidlichen Kaffee, der immer und überall nachgeschenkt wird.

Mutter bereitet sich auf ihren letzten Vortrag vor. Werden heute genauso viele Leute kommen wie zu den letzten Vorträgen? Sie ist bereits verwöhnt, hat alle in ihrer Muttersprache gehalten. Diesmal kommt es anders. Eine Menge Leute haben sich eingefunden, doch ganz voll ist der Saal nicht. Zu allem Ärger fällt in den ersten Minuten ihres Vortrages das Mikrofon aus. Lautes Murren aus den Zuhörerreihen. Doch so schnell lässt sich Mutter nicht unterkriegen. Jede andere hätte das Handtuch geworfen. Noch dazu, wo übersetzt hätte werden müssen. Nicht so sie. Sie fragte ihre Zuhörer, ob es notwendig sei. Einige konnten Deutsch und übersetzten ihren Nachbarn alles, was Mutter vortrug. Der Abend war somit gerettet."

Ende des Tagebuchauszuges

Siebzehn Tage war Maria nun schon in Amerika. Es war auch zugleich ihr letzter Tag. Abdul und seine Frau Rita luden Maria zum Mittagessen ein und am gleichen Abend ging der Flug in Richtung Frankfurt.

Der Nachtflug wäre sehr ruhig gewesen, hätte nicht einer der Fluggäste ein klein wenig über den Durst getrunken. Deshalb gab er die ganze Nacht keine Ruhe. An Schlaf war dadurch jedenfalls nicht zu denken. Durch günstigen Rückenwind kam die Maschine in Frankfurt eine Stunde früher als geplant an. Der Weiterflug nach Linz, wo Maria abgeholt wurde, fand erst am Nachmittag statt. Aus diesem Grunde lagen oder saßen sie tatenlos auf dem Flughafen.

Ernst war unendlich erleichtert, als er seine Maria unversehrt wieder in die Arme schließen konnte.

Das Ende

Maria hielt noch bis 1987 diverse Vorträge. Vor allem zog es sie immer wieder ins Haus Sanitas bei Rohrbach im Mühlviertel, wo sie viele liebe Bekannte hatte und außerdem hervorragend vegetarisch gekocht wurde.

Bis in ihr hohes Alter gingen Maria und Ernst täglich zwei Stunden spazieren.

Mit dem Auto fuhren sie zu den ihnen bekannten Plätzen, sammelten je nach Jahreszeit Kräuter, die Ernst später im Garten schnitt und zum Trocknen auf den Dachboden trug. Es war ein wunderbarer Duft, der einen umschwebte, wenn man diesen betrat. Auf dickem Packpapier wurden die einzelnen Sorten fein säuberlich aufgebreitet und öfters gewendet. Da gab es Schafgarbe, Frauenmantel, Kamille, Zinnkraut, Spitzwegerich, Brennnessel, Ehrenpreis, Kleinblütiges Weidenröschen, Johanniskraut, Ringelblume, Thymian, Mistel, Labkraut und Käsepappel. Da die gesammelten und geschnittenen Kräuter nie in der Sonne getrocknet werden sollen, war auf dem Dachboden der richtige Platz dafür. Die so getrockneten Kräuter wurden in Papiersäcke abgefüllt, um für neue Pflanzen Platz zu machen.

Nach einem Leben voll Liebe, Harmonie und gegenseitigem Verständnis traf es Maria sehr hart, als 1988 ihr Mann völlig unerwartet starb. Von nun an hatte sie, die stets zum Lachen aufgelegt war und ihre Mitmenschen mit einer Lebensfreude beglückte, die ihresgleichen suchte, keinen so rechten Lebensmut mehr. Ihr Lebenspartner fehlte ihr auf Schritt und Tritt. Aus diesem Grunde verließ sie das Haus ganz selten, nicht einmal ihre Urenkelin, die in der Zwischenzeit geboren wurde, konnte ihr die traurigen Gedanken nehmen, die sie Tag und Nacht begleiteten. Ernst Treben starb am 22. Juli 1988, seine Gattin Maria folgte ihm fast am gleichen Tag – am 26. Juli 1991 – drei Jahre später.

Das Ableben war für die Familie ein großer Schock. Mit der Familie trauerten all jene Menschen, denen sie durch ihr fundamentales Wissen sehr geholfen hat. Da sie sich als die „Apothekerin Gottes" weltweit einen Namen geschaffen hatte, war die Reaktion des Rundfunks und der Presse dementsprechend.

Sie war eine außergewöhnliche Frau.

MEINE LEBENSPHILOSOPHIE

Nach ihrem vollendeten achtzigsten Lebensjahr schrieb Maria Treben ihre Lebensphilosophie, die wir Ihnen nicht vorenthalten wollen:

Diese Zeilen sind ein Versuch. Nicht mehr. Hinter mir liegen achtzig Lebensjahre, die mich geprägt, aber nicht gezeichnet haben. Ich muss unserem Herrgott für diese Gnade danken. Natürlich habe auch ich Höhen und Tiefen durchlebt, in glücklicher Unbeschwertheit gelebt und unter tiefen seelischen Schmerzen gelitten, vollkommene Harmonie genossen und schärfste Angriffe gegen meine eigene Person erleiden müssen. Ich habe diese seelischen Wechselbilder dank Gottes Hilfe überstanden, ohne daran zu zerbrechen. Ich habe gelernt, dass der Mensch offensichtlich nur aus Niederlagen lernen kann und dass Körper und Seele eine Einheit sind. Das Rüstzeug für meine körperliche Widerstandskraft schöpfe ich aus der Natur. Bis auf gelegentliche Besuche beim Zahnarzt habe ich in meinem Leben keinen Arzt aufsuchen müssen und keine Medikamente eingenommen. Im wohl bestellten Garten Gottes fand ich all die Heilkräuter, die mir halfen, meine Gesundheit zu erhalten.

Mein Glaube an Gott, unseren göttlichen Heiland und die Mutter Gottes hat mich in meiner größten Not stets seelisch aufgerichtet und mir unendlich viel Kraft und Hoffnung gegeben. Ohne meinen Glauben hätte ich all die Prüfungen in meinem Leben nicht meistern können. Denn für diesen Trost und Zuspruch gibt es keinen Ersatz.

Wer diese göttlichen Gaben nicht erkennen und anerkennen kann, ist zu bedauern. Wer die Heilkräfte der Natur ablehnt und den Weg zum Glauben nicht finden kann, hat sich nach meiner Meinung für den schwersten aller denkbaren Lebenswege entschieden. Doch neben diesen beiden großen Säulen der göttlichen Gnade, deren Nutzung jedem Menschen freisteht, muss sich jeder von uns entscheiden, wie er sein eigenes Leben anpackt!

Unsere Altvorderen hatten Recht, wenn sie sagten „Jeder ist seines eigenen Glückes Schmied". Wir haben es wirklich in der Hand, unsere eigene kleine Welt zu schaffen und sie uns zu bewahren. Wer dies leugnet, entflieht der Realität und der Verantwortung. Natürlich begrenzen Gesellschaft, Politik, Gesetze und Traditionen den Spielraum für die Entfaltung des Einzelnen. Natürlich sind wir alle abhängig von den großen Entwicklungen und Problemen unserer Welt. Natürlich müssen wir Zugeständnisse im Zusammenleben miteinander machen. Aber ich frage mich, wie soll diese Welt wirklich in Frieden leben können, wenn es nicht gelingt, in der kleinsten Gesellschaft, der Familie, ohne Streit zu leben? Wie sollen Kinder Werte wie Nächstenliebe, Brüderlichkeit, Toleranz und Achtung schätzen lernen, wenn wir das nicht vorleben können? Wie kann man von der Weltpolitik mit all ihren religiösen und gesellschaftlichen Unterschieden erwarten, was wir selbst im engsten Familienkreis nicht schaffen. Ich will nicht missverstanden werden, was tagtäglich in der Welt passiert, ist schrecklich. All die Kriege, Verwüstungen, Umweltkatastrophen, all das unsägliche Elend, mit dem unschuldige Menschen geprüft werden, schreit zum Himmel, ist eine Schande für die gesamte Menschheit. Doch schuld sind die Menschen und ihre Gleichgültigkeit. „Das geht mich nichts an!" oder „Was kann ich schon dagegen tun?" sind die häufigsten gebrauchten Ausreden. So habe ich niemals gedacht. Wenn wir ohne Hass leben und unsere Kinder ohne Hass aufwachsen, wird keine Macht der Welt Hass für einen Krieg säen können. Wenn wir alle uns bemühen, unsere Umwelt zu schonen und zu erhalten, wenn wir schon beim eigenen Hausmüll Umweltbewusstsein an den Tag legen, wenn Millionen von Haushalten belastende Chemikalien und Produkte einfach nicht mehr kaufen, dann und nur dann hat unsere Erde eine wirkliche Chance zum Überleben. Wenn wir dagegen tagtäglich gegen solche Gebote der Vernunft verstoßen, scheint mir das Schicksal dieser Welt besiegelt. Die Menschen werden immer stärker in Angst und Ungewissheit leben müssen. Die Angst vor dem Unbekannten, der unsicheren Zukunft wird schwere Schatten auf ihre Seelen werfen. Und seelisches Ungleichgewicht führt zu körperlichen Erkrankungen. Ja, viele Wissenschaftler sind sich heute sicher, dass die unaufhörlich steigenden Krebserkrankungen oft nur durch derlei seelische Belastungen ausgelöst werden, dass eine kranke Seele einen gesunden Körper zerstören kann.

Mit diesen Gedanken wollte ich beweisen, wie wichtig die Grundeinstellung zum Leben ist. Dass sie von gleichrangiger Bedeutung für unser körperliches Wohlbefinden ist wie eine gesunde Lebensführung und eine maßvolle Behandlung im Krankheitsfall. Allgemein gültige Regeln kann man nicht aufstellen. Nur Erfahrungen eines vorgelebten Lebens können eine Hilfe sein. Den wahren und richtigen Weg für sich muss jeder selbst herausfinden. In meinem Alter fällt es leicht, Bilanz zu ziehen und in der Rückschau zu beurteilen, ob man seinen Grundsätzen treu geblieben ist, was einen geprägt hat und ob man seinen Mitmenschen gegenüber menschlich geblieben ist. Die Grundregeln für mein eigenes Leben haben mich zu dem gemacht, was ich bin.

Als Kind wuchs ich in einer intakten Familie auf. Meine Eltern führten eine glückliche und harmonische Ehe, die für mich zum Vorbild wurde. Im Kreis der Familie lernte ich Rücksichtnahme, Eigenverantwortung, Disziplin und Toleranz, ohne die es in unserem Dreimädelhaus zu einem heillosen Durcheinander gekommen wäre. Natürlich habe ich auch mit meinen beiden Schwestern gestritten, nicht alle Vorhaltungen meiner Eltern sofort verstanden, aber wir haben einen menschlichen Weg gefunden, solche Meinungsverschiedenheiten gütlich auszutragen. Es gab kein Verbot meiner Eltern ohne eine entsprechende Erklärung. Wir haben elterliche Überlegenheit nie als elterliche Gewalt kennen gelernt. Und Streit mit meinen Geschwistern wurde nie durch Parteinahme meiner Eltern geschlichtet. Wir haben über die Probleme offen und ausführlich gesprochen. Überhaupt, was waren Gespräche für uns wichtig! Unsere Eltern sind keinem Thema ausgewichen, haben uns nie wie dumme Kinder, sondern stets wie ihresgleichen behandelt. Eine Einstellung, die ich bei der Erziehung unseres Sohnes zu meiner eigenen machte.

Ich war zehn Jahre alt, als mein Vater bei einem Autounfall ums Leben kam. Ich war verzweifelt, zum ersten Mal in meinem kurzen Leben mit dem Tod konfrontiert. Für mich brach eine Welt zusammen. Unsagbarer Schmerz hielt mich lange Zeit gefangen. Meine Mutter war eine tapfere Frau. Sie hat ihre eigene Traurigkeit nie vor uns Kindern gezeigt, sondern ihre ganze Energie darauf verwendet, uns über den Verlust des geliebten Vaters hinwegzutrösten. In diesem Bemühen hat sie Übermenschliches geleistet, unserer Familie den nötigen Zusammenhalt gesichert und uns stärker in die Verantwortung genommen. Statt zu klagen, sind wir enger aneinander gerückt und haben unser Zusammengehörigkeitsgefühl gefestigt. In dieser Zeit wurde mir klar, welchen Schutz die Familie darstellt.

Nach dem Abschluss des Lyzeums traf ich meine Berufsentscheidung, trat als Praktikantin in die Redaktion des „Prager Tagblattes“ ein. Meine Mutter nahm keinen Einfluss auf diese Entscheidung. Für sie war nur wichtig, dass mir die Arbeit Freude macht. Zur damaligen Zeit eine fast revolutionäre Einstellung. Denn es war keinesfalls selbstverständlich, dass eine junge Frau arbeitete, geschweige denn in einer fast reinen Männerwelt sich zu behaupten versuchte. In den 14 Jahren meiner Tätigkeit habe ich die Entscheidung nie bereuen müssen. Doch wie viele Menschen gibt es, die ihr Leben lang arbeiten, einen Großteil ihres Lebens im Arbeitsprozess verbringen und nicht an einem Tag Freude dabei empfinden? Wie viele junge Menschen sehen bei der Berufswahl nur das Geld, ohne sich Gedanken zu machen, welchen Preis sie dafür bezahlen müssen?

Ein kluger Mann hat einmal gesagt, ich brauche und leiste mir nur einen Luxus: beruflich nur Dinge zu tun, die mir Spaß machen. Wer von seinem Beruf nicht ausgefüllt ist, morgens beim Aufstehen schon mit Grauen an die Arbeit denkt, nur noch an Feierabenden, Wochenenden und im Urlaub lebt, hat einen steinigen, beschwerlichen Weg eingeschlagen. Eltern, die die Berufswahl für die Kinder treffen, machen sich oft schuldig. Hohe Arbeitslosigkeit, gesunkene Zukunftschancen in vielen Berufen können und dürfen kein Grund sein, einen Jugendlichen zu bevormunden. Auch heute noch sollte man Neigungen und Talent vorrangig mitentscheiden lassen, denn wer Begeisterung für seinen Beruf mitbringt, wird seinen Weg im Leben sicherer gehen, als der, dem die Entscheidung abgenommen wurde.

Ich habe stets gut in meinem Beruf verdient. Das Geld war für mich nie wichtig, hat mir nie etwas Besonderes bedeutet. Einzig die Möglichkeit, meine Mutter finanziell unterstützen zu können, gab dem Verdienst einen tieferen Sinn. Es machte mich glücklich, nach all den Jahren des Nehmens geben zu können.

Ich hatte viele Verehrer, manch einer wollte mich vom Fleck weg heiraten. Doch ich wusste, dass ich auf den Richtigen warten musste. Und als er endlich vor mir stand, fühlte ich sofort, das ist der Mann fürs Leben. Heute sind mein Mann und ich 46 Jahre verheiratet. Mit meiner Hochzeit gab ich meinen Beruf auf. Mein Mann, Ernst Treben, konnte als Ingenieur der Oberösterreichischen Kraftwerke AG allein für unseren Lebensunterhalt aufkommen. Und für mich gab es keine Frage, dass ich mich als Ehefrau um den Haushalt zu kümmern hatte. Wo sollte sonst der Sinn einer Ehe liegen? Ich war glücklich in meiner neuen Rolle. Und als unser Kinderwunsch mit der Geburt unseres Sohnes Kurt in Erfüllung ging, waren wir trotz des furchtbaren Krieges die glücklichsten Menschen auf der Welt. Ich bin völlig in meiner Aufgabe als Mutter und Ehefrau aufgegangen. Nicht eine Sekunde habe ich daran verschwendet, meinem Beruf nachzutrauern. Wie viel Unfrieden und Leid bricht heutzutage über Familien herein, wenn junge Mütter beginnen, sich zu emanzipieren, ein Recht auf Arbeit anmelden, so als wäre der häusliche Bereich minderwertig, nichts als eine demütigende Handlangerarbeit. Wer sich für Ehe und Kind entscheidet, muss als Frau wissen, welche Verantwortung damit verbunden ist. Denn eine unzufriedene Mutter ist eine schlechte Erzieherin, unter der das unschuldige Kind leiden wird. Ich jedenfalls habe meine Mutterrolle sehr ernst genommen und mich nie vom eingeschlagenen Pfad ablenken lassen, eine harmonische Ehe zu führen, so wie sie meine Eltern vorgelebt hatten.

Mit dem Kriegsende verbinden sich schreckliche Erfahrungen. Ich war lange Zeit von meinem Mann getrennt und habe mit Abscheu verfolgen müssen, wie viele Frauen diese furchtbaren Zeiten als Entschuldigung benutzten, um ihre Männer zu betrügen. Vor ihnen habe ich alle Achtung verloren. Treue gehört zu den Werten, ohne die ich nicht leben könnte. Denn Treue ist mehr als eine leere Formel. Sie bedeutet Geborgenheit selbst in größter Gefahr, Verbundenheit mit dem Partner selbst bei lang dauernder Trennung, eine Portion Sicherheit, ohne die ich nicht durchs Leben gehen wollte.

Die Aussiedlung aus der Heimat lehrte mich, was Besitzlosigkeit heißt. Ich musste unser Haus mit seinen wertvollen Möbeln, unseren gesamten Familienschmuck, all das Tafelsilber und teure Porzellan von einem Tag auf den anderen zurücklassen. Natürlich schmerzte das und war dies ein großer ideeller und materieller Verlust. Aber diese Erfahrung zeigte mir auch, wie vergänglich all diese Dinge sind, wie unbedeutend für das Leben und Überleben. Und deshalb erschreckt es mich bisweilen, wie viel Wert die Menschen unserer Zeit solch materiellen Dingen beimessen. Ist es nicht schrecklich, wenn man heute sagt, das Auto sei unser aller liebstes Kind? Nach der Aussiedlung kam die Irrfahrt durch deutsche Flüchtlingslager, die Suche nach einer neuen Heimat. Ich musste lernen, unter primitivsten Umständen zu leben. Das ist mir so schwer gefallen wie all meinen Leidensgenossen. Doch ich habe nie den Mut und die Zuversicht verloren. Ich habe niedrigste Arbeiten ohne Murren verrichtet, meine Freundlichkeit nie versteckt und anderen, denen es besser ging, nie einen Vorwurf gemacht. Ich half, wo ich helfen konnte, und habe dafür manch unerwartete Hilfe zurückbekommen. Sei es, dass ich meine Wäsche in einem Garten aufhängen durfte, von einer Bäuerin ein paar Äpfel zugesteckt bekam oder ganz einfach die Erlaubnis erhielt, mich an einem Brunnen mit frischem Wasser zu waschen. All diese Nichtigkeiten empfand ich wie ein Geschenk. In dieser Zeit habe ich gelernt, dass ein gemeinsames Schicksal leichter zu ertragen ist und dass solch eine außergewöhnliche Situation nur schicksalhaft wird, wenn man den Glauben an die Zukunft verliert.

In Österreich fanden wir ein neues Zuhause. Mein Mann kam unversehrt aus der Kriegsgefangenschaft zurück und unsere beiden Mütter zogen zu uns. Endlich war die Familie wieder vereint. Die für mich schönste Zeit meines Lebens begann. Ich führte den Haushalt, sah meinen Sohn heranwachsen, verfolgte mit Freude den Aufstieg meines Mannes im Beruf und führte ein erfülltes, sorgloses Leben, ganz Mutter und Hausfrau. Wir entschlossen uns, ein eigenes Haus zu bauen, arbeiteten mit einem wahren Feuereifer fast vier Jahre auf der eigenen Baustelle und waren mächtig stolz, aus dem Nichts eine solche Veränderung unserer Lebensumstände geschaffen zu haben. Meine Enkelkinder wurden geboren, ich war und bin eine begeisterte Großmutter. Und in all den Jahren durchlief ich eine Entwicklung, von der ich nichts ahnte. Schon von frühester Jugend an empfand ich eine große Liebe zur Natur, kannte Pilze und Pflanzen, spazierte stundenlang durch Wiesen und Wälder und erfreute mich an diesem Geschenk Gottes. Die Begegnung mit dem österreichischen Biologen Richard Willfort gab meinem Leben eine unverhoffte Wendung. Er weckte mein Interesse für die Heilkräuter. Auf langen Spaziergängen, in endlosen Gesprächen gab er sein Wissen an mich weiter. Ich begann, mit alten Menschen aus der Landbevölkerung Erfahrungen auszutauschen, las alte Bücher und Handschriften, mein Wissensdurst war unerschöpflich. Ich probierte die alten Rezepte, begann für den Hausgebrauch Kräuter zu sammeln, setzte meine ersten Essenzen an und lernte die Wirksamkeit der Heilkräuter kennen. Mein Mann teilte das Interesse an meinem Hobby und als er in den verdienten Ruhestand trat, begleitete er mich fast ständig auf meinen Ausflügen in die Natur. Heute wissen wir beide, wie wichtig diese Entwicklung war. Wir hatten eine neue Aufgabe, die uns jung erhielt. Die viele Bewegung an der frischen Luft kam unserer Gesundheit zugute. Wie viele Menschen verzweifeln, wenn sie im Pensionsalter aus dem Arbeitsalltag herausgerissen werden und plötzlich vor einer Leere stehen, in der sie fürchterlich schnell vergreisen. Für uns stellte sich diese Situation nie. Allein Haus und Garten forderten ihren Mann.

Die Wende in unserem Leben brachte ein Vortrag in einem kleinen christlichen Frauenkreis über die Heilkräuter und ihre segensreiche Wirkung. Schon nach diesem Abend bedrängten mich die Zuhörerinnen, mehr von meinem Wissen weiterzugeben. Ohne jedes eigene Dazutun sprach ich immer öfter vor immer größerem Publikum. Ich wurde bekannt, ohne es zu wollen. Die Anforderungen und Strapazen waren mir oft zu viel. Aber was konnte ich tun? Durfte ich mich dem Wunsch der vielen Menschen entziehen, ihnen mein Wissen und meine Erfahrungen vorenthalten? Ich erkannte einen Auftrag. Ich fühlte, dass ich mich den Wünschen meiner Mitmenschen stellen musste, dass ich helfen musste, wo ich konnte. Neben den Vorträgen beschäftigte ich mich noch intensiver mit den Pflanzen und schrieb mein Wissen auf. Ich tat auch dies arglos, dachte weder an Ruhm noch Geld. Beides bedeutet mir nichts. Als ein Verleger mich überredete, meine Manuskripte als Buch herauszugeben, war ich gar nicht begeistert. Wer sollte sich schon dafür interessieren, wo doch die Regale in den Buchhandlungen mit naturheilkundlichen Büchern schier überquollen? Ich stimmte zu, unwissend, was das für Folgen haben würde. Nur ein Gedanke beseelte mich, ich wollte dazu beitragen, dass das Wissen über die Heilkraft der Pflanzen nicht völlig in Vergessenheit geriet. Ich wollte wirklich nur Gutes tun und erntete Hass, Neid und Missgunst. Das Buch erreichte atemberaubende Auflagenzahlen. Doch anstatt sich zu fragen, woher kommt diese überraschende Nachfrage, warum greifen immer mehr Menschen zu den Heilpflanzen, beschäftigte viele Menschen nur noch ein Gedanke: Was macht Maria Treben mit ihren Millioneneinnahmen? Das Geheimnis kann ich lüften. Zunächst zahle ich Steuern, viel Steuern. Ein Teil meiner Einnahmen fließt als Spende den verschiedensten wohltätigen Einrichtungen zu. Den Rest teile ich unter den Kindern auf. Sie konnten sich damit eine sichere Existenz aufbauen. Das war mein wirklicher Lohn, nicht das Geld. Es war schwer für mich zu erfahren, dass alle nur die finanzielle Seite, aber nicht die Arbeit sehen. Es hat mich fürchterlich getroffen, wenn meine Kritiker mich persönlich angriffen, stellvertretend für eine Bewegung, die sich von der Chemie abwendet, hin zu den Heilkräutern. Man hat mich mit Schmutz beworfen, mir böse Dinge unterstellt, mich vor Gericht zu zerren versucht, nur weil ich altes, überliefertes Wissen erhalten will. Ich war oft verzagt, hilflos dieser Reaktion meiner Gegner ausgesetzt. In meinen Gebeten habe ich um Rat gefragt. Ich habe Antwort erhalten. Das grenzenlose Leid, das mich tagtäglich per Post erreicht hat, hat mir gezeigt, dass ich mich nicht mundtot machen lassen darf. Ich nehme all die Anfeindungen auf mich, weil ich als Mensch helfen muss, wenn ich helfen kann.

Niemand sollte gegen das Gebot der Nächstenliebe verstoßen. Doch das Helfen wird mir nicht leicht gemacht. Nach dem Gesetz darf ich keine Heilpraxis betreiben, keine Krankenbesuche empfangen und auch am Telefon keine persönlichen Ratschläge geben. Ich kann mein Wissen nur in Büchern verbreiten und hoffen, dass damit alle anstehenden Fragen beantwortet werden. Diese Aufgabe ist zu meinem Lebenswerk geworden.

Solange mir der Herrgott die Kraft gibt, werde ich daran weiterarbeiten.

„Alle, die an das Gute glauben
und ihre Hoffnung nicht aufgeben,
tragen zum Bestehen der Welt bei.“

Max Tau

GEDICHTE
AUS MARIA TREBENS FEDER

Nachfolgende Gedichte sind nur ein Bruchteil dessen, was Maria Treben im Laufe ihres Lebens zu Papier gebracht hat. Vorwiegend entstanden sie in der Zeit der Aussiedlung (1947, Weißenburg) und später in ihrer neuen Heimat Grieskirchen (1955 bis 1960).

Maria Treben war lange Jahre Mitglied des Grieskirchner Kirchenchores und hatte sich dort einen neuen Freundeskreis aufgebaut. Zu vielen Anlässen fielen ihr die passenden Worte ein, mit denen sie bei Gelegenheit die Zuhörer erheiterte.

DAS LIED VON DEN SCHLAUCHSCHLUCKERN

Ach, was muss man oft im Leben hint'- und vornherum
erleben!!
Überall, zu allen Zeiten sieht man nichts als
Schwierigkeiten,
überall an allen Ecken, kann nur Übles man entdecken.
Schöpft man Mut und denkt aufs Neu: ‚Nun ist alles
gut vorbei!' –
merkt man alsogleich verwirrt, dass man sich
gehörig irrt,
dass des Lebens Überkraft wieder Schwierigkeiten schafft
und das Böse im Geschick festsitzt hinten im Genick.
Sehet her und hört mit Bangen, wie es allen uns
ergangen!
Bei dem Städt'schen Krankenhaus, sieht man rechts
vom Garten aus
ganz im Grünen voll Vergnügen sauber die Baracke liegen.

Schwester Julies Fraulichkeit waltet hier mit Emsigkeit.
Von den Kranken sieht man nur einzelweise eine Spur.
Öfters findet man vielmehr gänzlich die Baracke leer,
weil die Kranken, alle neuen, sich im Sonnenschein erfreun
und im Hofe oder Garten der Visit' entgegenwarten.
Alle fühlen sich befreit von der alten Kränklichkeit,
meinen, dass der Bazillus endlich Reißaus nehmen muss,
dass der Typhus, wie es Brauch, nun verschwindet aus dem Bauch
und somit des Wurzels Übel hat ein End mit Stumpf und Stiebel.
Ich betone: Der Mensch denkt, Erlangen hingegen lenkt.
Als man leise wagt zu hoffen, „negativ" sei eingetroffen,
sagt Herr Doktor Riemann: „Nein! Positiv sind alle neun."
Unser Chefarzt Doktor Schneider will nun, dass sie alle – leider –
zur Erforschung aller Mucken, diesen langen Schlauch verschlucken!
Damit zeigte er ein Ding, das zwei Meter obi-hing.
Allen Neun blieb voller Schrecken jedes Wort im Halse stecken. –
„Nun", sagt Doktor Riemann dann, „fangen wir gleich morgen an!
Fräulein Schütz beginnt den Reigen, es den andern vorzuzeigen!"
Ach, was war das dazumal für die Bärbel eine Qual!
Nase, Ohr und Augen tropfen, erst das Auf-den-Rücken-Klopfen
bringt ihr Luft. Atem schöpfend durch den Mund,
reißt den Schlauch sie aus dem Schlund!

Acht erschreckte Augenpaare, rote Köpfe,
wirre Haare
schauen allseits durch die Lucken, sich das Schauspiel
anzukucken.
Sehr bewölkt ist das Gesicht Doktor Riemanns und
er spricht:
„Sollten Sie nicht mäßig sein, führe durch die
Nase ein,
ich den Schlauch!“ Nun folgsam sie druckt und
langsam schluckt,
bis der meterlange Schlauch angelangt in ihrem Bauch.
Als zweites Opfer tritt sodann Herr Roland Zapf zum
Schlucken an.
Die Späher an der Wände Lucken, sehn mutig ihn den
Schlauch verschlucken.
Damit die Wirkung rascher wär, hüpft er auf einem
Bein umher.
Frau Stürzl kam als Nächste dran, Frau Treben schloss sich
ihr bald an.
Ein leerer Magen, wie ihr wisst, zum größten Teile
lästig ist
und wie gesagt, weil Hunger schmerzt, verschlangen
sie den Schlauch beherzt.
Und als Frau Rauner schlucken muss, bereitet es ihr
Hochgenuss
und sagt, wenn's täglich müsste sein, nimmt sie ihn
gern zum Frühstück ein.
Dagegen fühlt sich, aber ach, Herr Franz Fritsch
noch viel zu schwach.
Und auch Frau Laudon seufzend spricht: „Nein, nein,
das überleb' ich nicht!“
„Und i schia gor nich, wann mersch sieht, wie's den
onnern goor so alend gieht.
Mei Harz hollt sowos nimmer aus!“

So stößt Frau Kugler klagend aus!
So sind die Meinungen hienieden wie überall auch
hier verschieden.
Nur einer ist's, der schließt sich aus, läuft wie ein
Sturmwind um das Haus,
hat eigne Ansicht übers Leben – 4 Jahre alt –
Kurt Dieter Treben.
Er weiß nicht, was das Leben bringt, nur fröhlich
lacht und fröhlich springt.
– Ihm droht nur Übles dann und wann, wenn er nicht
hören, folgen kann!
So hat ein jeder seine Plage, teils gute und teils
schlechte Tage.
Doch seht, wir wollen ehrlich sein: Wie oft
schluckt man in sich hinein
ein Ding, das diesem Schlauche gleicht und doch zum
Guten uns gereicht!!

Weißenburg, im April 1947 *Maria Treben*
(Krankenhausaufenthalt)

RUND UM EIN REQUIEM

Am 8. Jänner ist hienieden
Frau Lina K. sanft verschieden.
Am Samstag drauf, wie's angeschlagen,
wird sie alsdann zu Grab getragen;
es wird zu ihrem Seelenheil
ein Requiem vorher zuteil.
Das schwarze Brett gibt vor der Zeit
den Trauernden genau Bescheid.
Es soll auch denen Kenntnis bringen,
die auf dem Chor getreulich singen.

Es ist verständlich, dass man meint,
wenn Regens chori nicht erscheint,
dass er im Bett verschlafen hat,
weil nachts vorher er bummeln tat.

Die Tote wird hereingetragen. –
Uns wird allmählich flau im Magen,
weil man – der Chor blieb abgesperrt –
noch immer keine Orgel hört.
Der Priester tritt zum Hochaltar,
nichts rührt sich, stumm die Sängerschar.
Traurig und stumm die Orgel schweigt,
da sich der Chorregent nicht zeigt.

Am Chor bleibt alles gänzlich stumm. –
Doch anders bei dem Publikum:
es scharrt und räuspert sich empört,
weil es nichts von der Orgel hört.
Da schaut mit vorwurfsvollem Blick
zum mäuschenstillen Chor zurück.
Die Erbin, die das Haus geerbt,
vor Ärger blaurot sich verfärbt.

Nun rührt sich's in der Sakristei,
der Mesner kommt und meint, es sei
der Chorregent am Weg beim Starten,
die Sängerinnen mögen warten.
„Ja“, meint die eine, „wie's so geht,
wenn nachts beim Schatzl wird's so spät!“
„Er ist noch jung, er braucht den Schlaf“,
sagt eine andre, gut und brav.
Die Zeit verrinnt, sie bleibet stumm,
die Halbzeit ist bereits herum
und weil die Stille auf uns drückt,

Frau Köpf nun ängstlich um sich blickt.
„Den Bruder hat der Schlag ereilt,
als er im tiefen Schlaf geweilt;
man hat ihn plötzlich aufgeweckt,
das hat ihn tödlich dann erschreckt.
Vielleicht ist Max das auch passiert
als man ihn unsanft angerührt!!
O Gott, wir wollen es nicht hoffen,
es hätte ihn der Schlag getroffen!"
„Ach Kinder", spricht Frau Leeb in Qual,
„der Max kam irgendwo zu Fall!
Ein Auto hat ihn mitgeschleift,
ihm beide Beine abgestreift.
Er war vom Schlaf noch fest umschlungen,
da ist ins Auto er gesprungen.
Wir beten einen Rosenkranz,
dass Gott ihn uns erhalte ganz!"

So hat uns Gott dann Trost gegeben,
der Max blieb Gott sei Dank am Leben.
Wir haben noch zu Gott gefleht,
vertieften still uns ins Gebet,
denn alle fühlten, ohne träumen:
weh ihm, wie wird der Pfarrer schäumen.

Grieskirchen, 14. 1. 1958 *Maria Treben*

VOM HUNGERTOD ERRETTET

Im Pfarrhof startet jedes Jahr
vom Kirchenchor die Sängerschar.
Zu Cäciliens Lostag als Termin
sieht pfarrhofwärts die Schar man ziehn.

Ein jeder lebt im Vorgenuss
auf das, was sicher kommen muss.
Es gibt wie stets in diesem Kreise
für alle sattsam Trank und Speise.

Nur einer muss so allgemein
nicht richtig satt geworden sein,
er blickt vom Tische weg behende,
wo er vielleicht noch Nahrung fände.
Dann hat er lautlos, still und sacht
sich übern Brotkorb hergemacht.
Und ehe er sich‘s recht versah,
stand dieser leer und ärmlich da.
Sein vor Hunger schwacher Magen
könnte noch etwas vertragen!!
Als grimmig und entschlossen
er kostet von Zyklamensprossen,
naht die Rettung, guter Gott,
hier in allerhöchster Not.

Max enteilt zur Pfarrhofküche.
Ihr entschweben noch Gerüche,
die von jenen Dingen künden,
die er hofft, hier vorzufinden.
Dass vom Pfarrhof einer geht,
der vor Hunger schier vergeht,
ist, denkt Max für sich beklommen,
überhaupt nie vorgekommen.
So lässt draußen er im Stillen
einen Teller tüchtig füllen,
stellt ihn dann im guten Sinn
dem hungrigen Magister hin.

Gottlob dessen Schwäche weicht,
als das Essen ihn erreicht.
Noch ehe jemand hingeschaut,
verschwand die Wurst samt ihrer Haut,
auch das Kraut verschwand im Nu,
die Kartoffeln mit dazu.

Hoch klingt das Lied vom braven Mann,
der hier in letzter Stunde kam
und einen durch die gute Tat
vom Hungertod errettet hat.
Drum ist ihm hier ein schöner Orden
vom Kirchenchor verliehen worden.

Grieskirchen, 28. 1. 1958 *Maria Treben*

EIN JAGDERLEBNIS

Es war verschneit im Monat März,
da strebt Frau Treben stadtauswärts,
sie zieht hinaus in die Natur;
Hund Hanno trabt in ihrer Spur.
Ganz ohne wesentlichen Grund
kann man doch einen armen Hund
nicht dauernd an die Leine knaufen,
deshalb darf Hund Hanno laufen.

Da spürt der Hund in seiner Näh'
die Witterung von einem Reh
und schon drängt er in wildem Trab
das Reh von seinem Standort ab,
läuft bellend hinterher im Schnee –
bedeutend schneller läuft das Reh –

zwei Jäger stehen hart daneben,
beinahe trifft der Schlag Frau Treben.
Die Jäger tragen ein Gewehr –
Hund Hanno läuft noch hinterher –
da läuft sie selbst in Angst und Pein
dem Reh und Hanno hinterdrein.
Nun läuft der Hanno, läuft das Reh –
zwei Jäger stehen in der Näh –
und hinterher, als ging's ums Leben,
läuft aufgeregt und bleich Frau Treben.

Der Hanno ist ein braver Hund.
Beim dritten Ruf kehrt er jetzt und
zurück und legt sich brav und bieder
zum schreckensbleichen Frauerl nieder.
So wär' noch alles gut gegangen,
wenn Frauerl nicht mit leisem Bangen
und plötzlichem Erschrecken spürt,
dass sich bei ihr tief drin was rührt.
Kein Baum, kein Strauch, kein Klopapier
ward sichtbar in der Nähe hier!
Gottlob, die Mulde! – Rasch hinein! –
Kommt, was kommt, ihr müsst verzeih'n.
Hier als Mauer dienen Hände –
und schon kracht es im Gelände!

Hanno wittert, spurt heran,
schnuppert vorerst noch daran
und hätte, ganz darauf versessen,
das Angstprodukt beinah gefressen.
Nun, ich muss es ehrlich sagen:
Lieber keins als solch ein Jagen!

Grieskirchen, März 1958 *Maria Treben*

DER STURZ IN DIE TIEFE

Frau Kern – ich darf es nicht verschweigen –
musst unlängst auf die Leiter steigen;
sie überzog, ich könnte wetten,
für ihre Töchter frische Betten,
die beide aus der Großstadt schreiben,
sie würden ein paar Tage bleiben.
Als sie nun auf der Leiter schwebt,
das Leintuch spannt, die Kissen hebt,
da fällt, man glaubt es wirklich kaum,
sie samt der Leiter in den Raum.
Sie balanciert zwar, kräftig haxelt,
– der Boden ist grad frisch gewachselt –
so fällt sie doch in wilder Hast
von Sprossenast zu Sprossenast
und fällt daher nach Takt und Noten
recht unsanft auf den Hosenboden.
Bedenkt, was sie dabei gelitten,
als sie so hastig abgeglitten!
Es hätte leicht, ich darf es nennen,
den Tod für sie bedeuten können.

Gottlob, es lief bei dem Malheur
noch glimpflich ab. Doch hinterher
sah man Rosines schlanke Waden
mit blauen Flecken dicht beladen,
und dort, wo's Schienbein sonst verläuft,
sich blutig eine Kruste häuft.
O Kirchenchor, krön' deinen Dank
für die Errettung mit Gesang.

Grieskirchen, 24. 5. 1958 *Maria Treben*

EIN FLÄSCHCHEN IN EHREN

Hans Holzmann traurig um sich blickt,
das Kragenknöpferl plötzlich drückt,
das Hemd beim Hals wird eng und enger,
dem guten Hans wird bang und bänger.
Und ringsumher im Freundeskreis
ein jeder sieht es, jeder weiß:
Dem Holzmann Hans, dem armen Tropf,
wächst Tag um Tag im Hals ein Kropf.

Die Gattin tröstet, sieht sein Leid.
„Nun ist es wahrlich höchste Zeit,
dass du den Arzt zu Rate ziehst,
damit du endlich klarer siehst.
Zum Schmiedl nicht, du gehst zum Schmied
nach Innsbruck rein, ich fahre mit!
Denn du erbarmst mir bis ins Herz
in deiner Not und deinem Schmerz!"

Der Arzt befühlt den runden Kropf,
nickt mehrmals ernsthaft mit dem Kopf
und weist dem guten Hans sodann
ein Plätzchen in der Klinik an.
Man will nicht sofort operieren,
zuerst sein Herz zur Ruhe führen,
weil unser Hans seit Tag und Jahr
auf Urlaub nie gewesen war.
Die Krankenzimmer sind zurzeit
sehr stark besetzt, das heißt's zu zweit
in einem Raume sich begnügen;
Ihr dürft es glauben, kein Vergnügen
für einen, dem's selbst mulmig geht,
der wo vor einem Eingriff steht!

Als unser Hans den Zweiten sieht,
wie röchelnd er den Atem zieht,
wie bleich er in den Kissen liegt
und nicht mal was zum Essen kriegt,
da läuft in Bangnis und in Graus
er eilends aus dem Krankenhaus,
kauft sich zwei Liter roten Wein
und geht – besäuselt wieder rein.

Als dann die Gattin hier erscheint,
die Krankenschwester zu ihr meint:
„Seitdem die Spritze eingeführt
hat der Patient sich nicht gerührt.
Er scheint mir irgendwie benommen,
ein Glück, dass Sie hierher gekommen!"

Die Paula ließ sich nicht erschrecken,
sie sieht die Flasche in der Ecken,
die leer und jeden Weines bar
hier einsam steht. Für sie ist klar,
dass Hans, dem jäh der Mut gesunken,
sich einen Rausch hat angetrunken.

Es kommen ihr die Tränen schier:
„Ich gönn' den Rausch von Herzen dir!"
Dann hebt sie ihre Hand und streicht
dem guten Hans die Wangen leicht
und lächelt still in sich hinein:
„Es mag ein gutes Omen sein!"

Grieskirchen, 13. 11. 1958 *Maria Treben*

DER HONIGGLASSPLITTER

Eine Ehegeschichte aus unseren Tagen

Ein Jurist aus unsrer Mitte
ächzt und stöhnt bei jedem Schritte,
denn ein Stück vom Honigglas
rutschte abwärts, als er aß.
Instinktiv spürt er Gefahr,
als der Splitter unten war.

Vor dem Frühstück lieb und wonnig
bringt das Finchen Bienenhonig.
Flüstert: „Liebster Göttergatte,
ihn für dich gespart ich hatte.
Lass ihn dir in Ruhe munden!"
Sprach's und ist hiermit verschwunden.

Gewöhnlich hat das holde Wesen
ihm das Beste weggegessen.
Dieserhalb packt ihn beim Kauen
höchste Angst und Missvertrauen.
Er erinnert sich: Vor Wochen
ist ein Honigglas gebrochen.
Statt den Honig auszuleeren,
kann der Gatte ihn verzehren.
Kürzlich in der Zeitung stand,
dass den Tod ein Gatte fand,
dessen Gattin, hassdurchdrungen,
ihn durch Gift hat umgebrungen.
Denn die Holde gab ihm Löt-
wasser ein noch abends spät.
Keineswegs lebt er im Wahn,
Gleiches hätt' sein Weib getan,

aber Honig samt den Splittern
ihm beim Frühstück zu verfüttern!
Das färbt seine Galle grün
und er ruft sein Finchen kühn.

„Leer den Honig in den Kübel,
bei seinem Anblick wird mir übel,
denn ich spür voll Gram und Harm
ein Stückchen Glas in meinem Darm.
Schütt den Honig weg, den raren!“
„Nein“, sagt sie, „wir müssen sparen!
Denk an deine armen Kinder!
Nachweisbar war einst dein blinder
Wurmfortsatz herausgebracht!
Denk an unsre Hochzeitsnacht!
Da dein Blinddarm ausgeladen,
kann das Glas dir niemals schaden.“

Heinz, als Ehmann geschlagen,
muss den Splitter still ertragen.
Doch in seiner Lebensweise
zieht der Splitter weite Kreise.
Da beim Singen er ihn sticht,
kommt er zu den Proben nicht.
Langes Sitzen macht Beschwer,
deshalb läuft er hin und her.
Insgeheim hofft er im Stillen,
schon der armen Kinder willen,
dass der Splitter mit Gebraus
schlüpft zur Hintertür hinaus!

Grieskirchen, Frühjahr 1959 *Maria Treben*

EINE WACKLIGE GESCHICHTE

Aus der Reihe seiner Brüder
hängt ein Schneidezahn hernieder,
der trotz allergrößter Pflege
ausbrach aus dem Zahngehege.
Sozusagen Außenseiter
wähnt er sich als Herrenreiter,
setzt mit vehementer Regung
sein Volumen in Bewegung.
Wenn ein Kind sich fröhlich regt,
sind die Eltern stolz bewegt.

Dass es anders bei den Zähnen,
ist recht unnütz zu erwähnen,
weil man diese, Glied an Glied,
lieber fest verwurzelt sieht,
Angst und nur Beklemmung fühlt,
wenn ein Zahn sich roh empfiehlt.
Seht euch unsern Obmann an!
Wenn er sich auch recht bemüht,
dass der Gute nicht entflieht,
jeden Bissen sorgsam wägt,
ehe das Gebiss ihn sägt.
Vorsicht übt als kluger Mann:

rechts vom Zahn und links vom Zahn,
wird, das muss man nämlich wissen,
jede Nahrung nur gebissen,
wird der Zahn doch lang und länger,
unserm Obmann bang und bänger.

Dass der Zahn nach unten ragt,
macht ihn leider sehr verzagt,

denn beim Sprechen, Debattieren,
heißt es, fest sich konzentrieren,
dass die Zunge voller Tücke
aus der nicht vorhand'nen Lücke
doch noch eine Lücke macht.
Deshalb ist er streng bedacht,
als ein Vorbild mit Manieren
leise Reden stets zu führen.
Schreien hält der Zahn nicht aus,
fällt am Ende noch heraus!

Sollte einer nicht parieren,
Böses nur im Schilde führen,
schleudert rachedurstig er
(so wie Siegfried seinen Speer)
seinem Gegner ohne Segen
diesen losen Zahn entgegen!

Nachsatz:
Schließlich packt ihn stiller Zweifel:
„Will denn dieser Zahn zum Teufel,
dieser gottverdammte Lackel
gar nicht lassen sein Gewackel?"
Kurz entschlossen geht er hin
und Frau Doktor muss ihn ziehn!
Dass die Scharte ausgewetzt
wird ein neuer eingesetzt.
Unser Obmann, welch ein Held!!!
Wir wünschen herzlich, dass er hält!!!

Grieskirchen, November 1959 *Maria Treben*

HAARSCHARF DEM TOD ENTRONNEN

Ein Dienstag war's. Ums Haus herum
blieb alles feierlich und stumm.
Die Omi ist nach Linz gereist,
Frau Lechner fort, das Haus verwaist.
Die Einzige, die hier am Leben,
war unsere Frau Maria Treben.
Sie eilt geschäftig hin und her,
da Waschtag war und Arbeit mehr.
Als nun die Waschfrau weggegangen,
sie selbst die Wäsche aufgehangen,
hat sie, wie's ordnungshalber geht,
den Wohnungsschlüssel umgedreht.
So kommt, denkt sie, durch Räubersbanden
aus ihrer Wohnung nichts abhanden.

Trotzdem die Wohnung abgesperrt,
sie deutliche Geräusche hört,
und zwar hört sie, in Schreck erstarrt,
dass etwas auf der Stiege scharrt.
Ihr Geist muss sich in Angst verwirren,
weil Flaschen gegeneinander klirren.

Sie stürzt zur Tür: Die ist versperrt;
wieso hat sie den Lärm gehört?
Das lässt ihr sichtlich keine Ruh,
sie stürzt in Richtung Boden zu
und reißt die Tür auf wie ein Held!
Ein Ungetüm sie überfällt,
ein schwarzes Etwas springt nun dicht
der arg Erschreckten ins Gesicht.

O wendet zu ihr Sympathie,
dankt Gott, dass noch am Leben sie.
Wie leicht hätt‘ man nach dreien Tagen
die Gute hin zu Grab getragen,
wenn ihr das Herz, vor Schrecken schwer,
durch Angst und Not gebrochen wär.
Der Kirchenchor, untröstlich schier,
singt feierlich ein Requiem ihr
und manche Träne, treu wie Gold,
wär' ihrem Sarge nachgerollt.

Gott möge Trost dereinst euch geben,
die Gute blieb zurzeit am Leben.
Das Ungetüm, das schwarze Wesen,
entpuppte sich als Stangenbesen,
den's von des Hakens festem Ort
trieb wanderlustig einmal fort.
Es bracht der Sturz ins Angesicht
ihr fast den Tod – euch das Gedicht!

Grieskirchen, Mai 1960 *Maria Treben*

DIE ZIEBERL-WESPE

Lix, sehr mutig wie kein Zweiter,
besteigt daheim die Gartenleiter;
er wollte – dies sei zu beachten –
die Zieberln einmal selbst betrachten,
weil er der Gattin nicht recht traut
und Wichtiges gern selbst beschaut.
Drum hat er sich allein bemüht!
Aus nächster Nähe er nun sieht,
dass seine Zieberln weich beim Drücken,
infolgedessen reif zum Pflücken.

Als er beinah in Gipfelnäh
die Zieberl pflückt, fühlt er, dass jäh
die Leiter aus dem festen Halt
zur Seite rutscht. Doch Lix bleibt kalt
und steckt mit einer sichren Pose
Zieberln in die Badehose.
Ergreift, jetzt aber mehr in Hast
mit beiden Händen einen Ast.

Auf einmal surrt's in dieser Hose!!!
O lacht nicht, denn er hängt sehr lose
und hart bedrängt am Zieberlast,
diesweil Gefahr nach manchem fasst!
An reifen Früchten gelb und süß
sich eine Wespe niederließ.
Dieselbe kroch, o Graus und Pein
in Lixens Badehose rein!

O Publikum, bedenkt mit Tränen,
wenn dort (was schwer fällt zu erwähnen)
die Wespe Lix gestochen hätte,
läg' er noch heute krank zu Bette.

Grieskirchen, 12. August 1960 *Maria Treben*

UNSERER LIEBEN OMA
ZUM 80. GEBURTSTAG

Der Herrgott hat zu unserer Freude
dir, Mutter, achtzig Jahr geschenkt,
er hat dein Lebensschiff geleitet,
um harte Klippen es gelenkt.

Das Elternhaus hast du verloren,
an dem dein Herz in Liebe hängt,
wo deine Mutter dich geboren,
als Vorbild deinen Schritt gelenkt,

wo Kindheit, Jugend, Ehejahre
in Leid und Glück noch heute glühn,
wo tausend Fäden, nie zerschnitten,
gedanklich dich zur Heimat ziehn.

Vom bunten Garten, der von Jugend
dir nahe stand, riss man dich fort,
die Gräber aller, die dich liebten
und die du liebtest, sind nun dort.

Man riss dir Stück um Stück vom Herzen,
du nahmst es hin aus Gottes Hand,
wie tapfer gingst du durch das Leben!
Du klagtest nie, du hieltest stand.

Der Herrgott segne deine Jahre,
das Leid bleib deinen Tagen fern,
er möge dich für uns erhalten
als unser Licht und guter Stern! –

So danken wir dir, beste Mutter,
nimm an dein Herz uns allezeit;
Wir wollen dir stets Liebe schenken
und Freude bringen, niemals Leid.

Grieskirchen, 6. Juni 1966 *Maria Treben*

TIPPS ZUR VORBEUGUNG VON KRANKHEITEN

Viele Menschen erwarten von ihrem Körper, dass er zu funktionieren hat, dass man ihn unbegrenzt belasten kann und seine selbstheilenden Kräfte unerschöpflich sind. Wer sich dieser Selbsttäuschung hingibt, lebt gefährlich. Denn unser Körper braucht Pflege, Fürsorge, ausreichendes Training und Ruhepausen zur Erholung. Man kann nicht ungestraft Raubbau mit seiner Gesundheit treiben. Es ist natürlich nicht einfach, die Wirkung einer vernünftigen Vorsorge zu beweisen. Wenn jemand vom obligaten Frühjahrsschnupfen verschont geblieben ist, wird man sagen, da hat er Glück gehabt. Auf die Idee, dass sich der Glückliche durch entsprechende Abhärtung seines Körpers vor der Ansteckung geschützt hat, kommen nur wenige. Man kann sich auch vorstellen, dass viele Menschen sagen, wozu soll ich eine Mistelkur machen, mein Kreislauf ist doch in Ordnung? Nun, mehr als Empfehlungen für eine sinnvolle Vorbeugung kann man nicht geben. Jeder muss für sich selbst entscheiden, was ihm seine Gesundheit wert ist.

Unser Herrgott jedenfalls hat alle Vorsorge für Gesundheit und Wohlbefinden geschaffen. Was er von uns verlangt, ist das bisschen Arbeit, seine Gaben auch zu nutzen.

Körperabhärtung

Wichtig für die Gesundheit sind „Bäder" in Licht, Luft und Wasser. Auf diese Weise härtet man seinen Körper ab und macht ihn weniger anfällig für Erkrankungen. Eine besondere Bedeutung kommt dabei dem kalten Wasser zu, das Herz- und Kreislauftätigkeit anregt und die Durchblutung der Haut verbessert.

Folgende Regeln sollte man dabei beachten:

a) Der Körper muss warm sein, bevor man kaltes Wasser anwendet. Am besten ist es, wenn man aus dem warmen Bett schlüpft, bevor kaltes Wasser eingesetzt wird. Abends sollte man sich durch einen Spaziergang oder eine geeignete Gymnastik warm machen.
b) Das Badezimmer sollte wohltemperiert sein. Das Fenster bleibt geschlossen, damit keine Zugluft entsteht. Nach dem Einsatz von kaltem Wasser muss sich der Körper wieder schnell erwärmen. Ideal ist es, wenn man für einige Zeit ins angewärmte Bett steigt.
c) Auch bei den Abhärtungsmaßnahmen darf man nicht übertreiben, da sich sonst der Körper zu sehr an diese Reize gewöhnt und nicht mehr entsprechend reagiert. Also nicht alle Möglichkeiten ständig nutzen, sondern je nach Gegebenheit abwechseln.

Armbad

Man taucht beide Arme in ein mit kaltem Wasser angefülltes Waschbecken. Das Wasser kann bis zur Schulter reichen. Beim Eintauchen zählt man langsam von 20 bis 30, nimmt beide Arme aus dem Wasser, schüttelt sie, ohne sie abzutrocknen, aus und bewegt die Arme so lange hin und her, bis sie trocken sind. Nun rasch in die Nachtwäsche und ins Bett. Das prickelnde Gefühl der Frische überträgt sich auf das Herz, für das das kalte Wasser Beruhigung bedeutet. Auf diese Weise härtet man seinen Körper nicht nur ab, sondern schläft ruhig und tief ein.

Kalte Waschungen

Morgens damit begonnen, abends vor dem Schlafengehen nochmals durchgeführt, bedeuten sie eine Abhärtung des Körpers. Gegen Verkühlung, Wetterfühligkeit und Grippe-Erkrankungen ist man besser gefeit als jene, die sie aus einer Verweichlichung heraus unterlassen. Es muss unbedingt ein Waschlappen benutzt werden, mit dem man mit der Waschung unten beim rechten Fuß beginnt. Die Beine immer rechts vor links – Bauch, beide Arme, den Rücken und vor allem die Herzgegend waschen. Die Waschung soll rasch vor sich gehen. Die Herzgegend kann man zwei- bis dreimal kreisförmig erfassen. Das Abreiben mit einem trockenen Frotteetuch bringt schließlich die herrliche Wärme, die den ganzen Körper durchflutet. Auf diese Art gibt es stets warme Hände und Füße und ein ausgewogenes Gleichgewicht. Die Waschung am Abend bringt vor allem einen guten Schlaf.

Tau-Laufen

Wer einen Garten mit Grasfläche sein Eigen nennt, sollte im Mai die Gelegenheit nutzen, morgens im taufrischen Gras barfuß einige Runden zu drehen. Der Monat Mai ist wohl die geeignetste Zeit dazu. Die Sonne wärmt bereits den Boden, aber zugleich sind die inneren Bewegungen des Erdreichs noch in reichlichem Maße vorhanden. Dieses Barfußlaufen regt nicht nur die Blutzirkulation an, sondern hebt die Gesundheit in reichem Maße: Den Körper in gerader Haltung durchgestreckt, tief durchatmen, dabei zehn Minuten durch das taufrische Gras laufen. In die Wohnung zurückgekehrt, werden die feuchten Füße warm abgespült und Socken angezogen. Wehe, wenn man sich dabei verkühlt! Das Laufen durch das taunasse Gras bewirkt eine gute Blutzirkulation, die Folge davon sind niemals kalte Füße! Auf der anderen Seite bringt man für den Tag ein gutes Stück Ausgeglichenheit mit. Man genießt bei morgendlichem Vogelgezwitscher die göttlichen ersten Sonnenstrahlen des Tages und fühlt sich durch die Weite des Himmels belebt.

Schnee-Treten

Am Morgen steht man auf, zieht sich warm an und läuft barfuß durch den frisch gefallenen Schnee. Das ist aber wirklich nur etwas für ganz Abgehärtete, die sich schon im Sommer an das Tau-Laufen gewöhnt haben. Wichtig ist vor allem, dass man wirklich läuft, um den Körper warm zu halten. Am Anfang sollte man nicht länger als eine Minute im Schnee bleiben. Aber auch bei entsprechender Abhärtung sollte man nie länger als drei Minuten ausharren. Beim Schnee-Treten atmet man bei geschlossenem Mund durch die Nase ein und durch den Mund aus. Die frische Winterluft wirkt belebend auf den ganzen Organismus. Ist man in die Wohnung zurückgekehrt, werden die feuchten Füße warm abgespült und Socken angezogen.

Wasser-Treten

Man spaziert wie ein Storch in kaltem Wasser, das bis über die Waden reicht. Im Winter in der Badewanne, im Sommer, wenn möglich, in einem sauberen Bach. Dabei steht immer nur ein Bein im Wasser. Eine Minute täglich Wasser-Treten reicht völlig aus. Anschließend die Füße nicht abtrocknen, sondern warme Socken überziehen.

Haut-Bürsten

Mit einer Bürste aus Naturborsten streicht man morgens die trockene Haut. Man beginnt auf der rechten Seite und bürstet stets zum Herzen. Von den Füßen hoch zur Schulter. Nicht mit zu viel Druck, die Haut soll sich nur röten. Anschließend die linke Seite. Für Brust und Rücken steckt man einen Stiel auf die Bürste. Man bürstet immer von der Mitte nach beiden Seiten. Der Bauch wird kreisförmig, von unten rechts im Uhrzeigersinn behandelt. Anschließend duschen, um die trockenen Hautschuppen gänzlich abzuspülen.

HEILKRÄUTER UND HAUSMITTEL

Bärlauch

Die blutreinigende Wirkung des Bärlauchs und seine reinigende Wirkung auf unser Magen- und Darmsystem sollte man im Frühjahr zu einer Entschlackungskur nutzen. Im April und Mai, bevor der frische Bärlauch zu blühen beginnt, sammelt man seine frischen grünen Blätter und verzehrt sie roh. Gewaschen und klein geschnitten, streut man Bärlauch über alle Speisen, die man mit frischem Grün verfeinert und dekoriert. Mit Bärlauchblättern kann man auch einen Salat zubereiten oder Spinat kochen.

Brennnessel

Die vielfach unterschätzte Brennnessel zählt zu den wichtigsten Heilpflanzen aus dem Garten Gottes. Ihre blutbildende und blutreinigende Heilkraft sollte man sich ebenfalls alljährlich mit einer Frühjahrskur zunutze machen. Im Frühjahr sammelt man die jungen Triebe und beginnt eine vierwöchige Tee-Kur. Man trinkt morgens auf nüchternen Magen schluckweise eine Tasse Tee und weitere zwei Tassen über den restlichen Tag verteilt. Dabei kommt ein gehäufter Teelöffel Brennnessel auf eine Tasse, mit heißem Wasser abbrühen, eine halbe Minute ziehen lassen, abseihen und schluckweise trinken.

Diese Frühjahrskur kann man im Herbst noch einmal wiederholen, wenn die jungen Triebe der Brennnessel erneut herausgekommen sind. Als vorbeugende Maßnahme trinkt man das ganze Jahr über täglich eine Tasse Brennnessel-Tee. Dazu legt man sich im Frühjahr einen entsprechend großen Vorrat an getrockneten Brennnesseln an.

Johanniskraut

Das Johanniskraut wird viel gerühmt für seine Heilkraft bei nervlichen und seelischen Schwierigkeiten. Für junge Mädchen in der Pubertätszeit stellt das Erreichen der Geschlechtsreife nicht selten großen nervlichen Stress dar. Psychische Belastung, unruhiger Schlaf und Störungen in der Periode sind oft das Resultat. Heranwachsende Mädchen nehmen daher über einen längeren Zeitraum hinweg täglich zwei Tassen Johanniskraut-Tee. Einen gehäuften Teelöffel Johanniskraut mit heißem Wasser abbrühen, eine halbe Minute ziehen lassen und schluckweise über den Tag verteilt zwei Tassen Tee trinken.

Löwenzahn

Wenn der Löwenzahn in Blüte steht, sollte man eine Zwei-Wochen-Kur mit frischen Löwenzahnstängeln machen. Man sammelt täglich 10 Stängel samt Blüte, wäscht sie, entfernt den Blütenkopf und zerkaut die rohen Stängel langsam im Mund. Abgespannte und müde Menschen werden während der Kur eine rasche Belebung der Lebensgeister feststellen.

Mistel

Die Mistel hat ihre größte Bedeutung als Heilpflanze durch ihre blutdruckregulierenden und kreislauffördernden Eigenschaften. Jedermann sollte eine alljährliche sechswöchige Mistel-Teekur machen. Drei Wochen lang trinkt man täglich drei Tassen, zwei Wochen zwei Tassen und in der letzten Woche reduziert man den Konsum auf eine Tasse Mistel-Tee pro Tag. Nach dieser Kur haben sich Blutdruck und Kreislauf wieder normalisiert.

Zwölf Stunden weicht man einen gehäuften Teelöffel

Mistel pro Tasse in kaltem Wasser ein. Anschließend wird der Kaltansatz angewärmt und abgeseiht. Praktischerweise füllt man die Tagesration Mistel-Tee in eine angewärmte Thermoskanne, ansonsten muss man den ausgekühlten Tee vor dem Trinken in einem heißen Wasserbad wieder erwärmen. Wer Blutdruck und Kreislauf mit Hilfe der Mistel fördern will, sollte das ganze Jahr über täglich eine Tasse Mistel-Tee konstant weitertrinken.

Schafgarbe

Schon Pfarrer Kneipp schrieb einst, viel Unheil bliebe den Frauen erspart, würden sie ab und zu einmal nach Schafgarbe greifen! Die Heilkraft der Schafgarbe sollte sich jede Frau regelmäßig zunutze machen. Ganz gleich, ob es Unregelmäßigkeiten bei der monatlichen Periode zu beheben gilt oder die Unpässlichkeiten während der Wechseljahre, über das ganze Jahr verteilt sollte man immer wieder eine Tasse Schafgarben-Tee schluckweise pro Tag trinken. Dabei kommt ein gehäufter Teelöffel Schafgarbe auf eine Tasse, mit heißem Wasser abbrühen, eine halbe Minute ziehen lassen, abseihen und schluckweise trinken.

Spitzwegerich

Ein aus frischen Spitzwegerichblättern hergestellter Sirup wirkt blutreinigend und sollte täglich vor jeder Mahlzeit eingenommen werden. Erwachsene nehmen einen Esslöffel, Kinder einen Teelöffel.

Es gibt zwei Rezepte zur Herstellung des Spitzwegerich-Sirups:

1. Man dreht vier gehäufte Hand voll frisch gewaschene Spitzwegerichblätter durch den Fleischwolf. Diesen Blätterbrei streckt man mit einem Schuss Wasser, damit

er etwas dünnflüssiger wird, gibt 250 g Bienenhonig und 300 g Rohrzucker dazu. Auf kleiner Flamme, unter ständigem Rühren, erwärmt man diese Mischung bis kurz vor dem Kochen. Haben sich Blätter, Honig und Zucker zu einer dickflüssigen Masse verbunden, füllt man sie heiß in saubere Gläser und stellt den Sirup in den Kühlschrank.

2. Man füllt eine Lage frisch gepflückter und gewaschener Spitzwegerichblätter in ein geeignetes Ton- oder Glasgefäß, darüber eine Lage Rohrzucker, wieder eine Lage Blätter, bis das Gefäß voll ist, lässt die Schichten sich setzen und füllt nach. Ist das Gefäß gefüllt, wird es mit mehreren Frischhaltefolien luftdicht verschlossen und an einer geschützten Stelle im Garten vergraben. Vor dem Zuschaufeln des Lochs wird das Gefäß mit einem Holzbrett abgedeckt. In der gleichmäßigen Erdwärme beginnt die Zucker-Spitzwegerich-Mischung zu gären. Nach acht Wochen gräbt man das Gefäß aus, kocht den entstandenen Sirup auf und füllt ihn abgekühlt in Flaschen.

Thymian

Täglich morgens eine Tasse Thymian-Tee als Kaffee-Ersatz wirkt wahre Wunder. Man fühlt sich frisch, strapaziert seinen Magen nicht, der oft lästige Husten am Morgen verschwindet, kurzum man fühlt sich fit für den ganzen Tag. Einen gehäuften Teelöffel Thymian-Tee pro Tasse mit heißem Wasser abbrühen, eine halbe Minute ziehen lassen, abseihen und schluckweise trinken.

Zinnkraut

Jeder Mensch, der die Vierzig überschritten hat, sollte täglich eine Tasse Zinnkraut-Tee trinken. Auf diese Weise schützt man sich vor Gicht und Rheuma, Abnützungserscheinungen, die mit dem Älterwerden einhergehen. Einen gehäuften Teelöffel Zinnkraut pro Tasse mit heißem Wasser abbrühen, eine halbe Minute ziehen lassen, abseihen und schluckweise eine Tasse Tee pro Tag trinken.

Kleiner Schwedenbitter

Als Vorsorgemaßnahme gegen Schmerzen und Erkrankungen jeglicher Art nimmt man täglich morgens und abends einen Teelöffel Kleinen Schwedenbitter mit etwas Wasser oder Tee verdünnt zu sich. Der Kleine Schwedenbitter ist ein wahres Lebenselixier, ein unentbehrlicher Beschützer unserer Gesundheit, der in keiner Hausapotheke fehlen sollte. Das Rezept wurde von dem bekannten schwedischen Arzt Dr. Samst überliefert, dessen ganze Familie dank der Schwedenkräuter ein hohes Lebensalter erreichte.

Die Kräutermischung besteht aus:

10 g Aloe*
10 g Angelikawurzel
5 g Eberwurzwurzel
10 g Manna
5 g Myrrhe
10 g Natur-Kampfer**
10 g Rharbarberwurzel
0,2 g Safran
10 g Sennesblätter
10 g Theriak venezian und
10 g Zitwerwurzel

* Statt Aloe kann auch Enzianwurzel oder Wermutpulver verwendet werden.
** Bei Kampfer darf nur Natur-Kampfer genommen werden

Diese Kräuter füllt man in eine Flasche und übergießt sie mit 1,5 Liter 38–40 %igem Kornbranntwein. Unter täglichem Schütteln bleibt der Aufguss mindestens 14 Tage in der Wärme stehen. Für den täglichen Gebrauch seiht man kleinere Mengen in geeignete Behälter ab, die kühl aufbewahrt werden sollten. Mit fortschreitender Lagerung reift die Heilkraft des Kleinen Schwedenbitters. Nach Maria Treben stammt dieses Rezept von Paracelsus, der mit seinem berühmten „Elixier" so viele Schwerkranke heilte.

Frühlings-Tee

Wegen seiner blutreinigenden Wirkung trinkt man im Frühjahr über einen längeren Zeitraum, solange die beschriebenen Kräuter frisch gepflückt werden können, folgenden Frühlings-Tee:

Man mischt 15 g Brennnesselblätter, 50 g junge Knospen vom Holunder, 15 g Löwenzahnwurzeln und 50 g Schlüsselblumenblüten. Einen gehäuften Teelöffel der oben beschriebenen Kräutermischung pro Tasse mit heißem Wasser abbrühen, drei Minuten ziehen lassen, abseihen und schluckweise zwei Tassen am Tag trinken. Empfindliche Gaumen können den Tee mit etwas Honig süßen.

Jahres-Misch-Tee

Mit Beginn des Frühjahrs sollte man in die Natur hinausgehen und mit dem Sammeln von Kräutern beginnen. Den Anfang machen die ersten Blüten des Huflattich, Schlusslicht sind die Rosenblätter, die man im Herbst sammelt. Die nachfolgenden Kräuter werden in der aufgezeigten Reihenfolge gesammelt und getrocknet und bilden im Herbst einen gesundheitsfördernden Misch-Tee, von dem man täglich eine Tasse zum Abendessen trinkt. Einen gehäuften Teelöffel der Kräutermischung auf eine Tasse mit heißem Wasser abbrühen, eine halbe Minute ziehen lassen, abseihen und schluckweise trinken.

Die Mischung besteht zu gleichen Teilen aus:

- Huflattichblüten, später Huflattichblättern
- Schlüsselblumenköpfen
- Veilchenblättern und -blüten
- Lungenkrautköpfen
- Sauerkleeblüten
- Gundelrebenblütenköpfen (davon nur wenige zum Würzen)
- Brennnesseltrieben
- Frauenmantelblättern und -blüten
- Ehrenpreisblättern, -blüten und -stängeln
- Erdbeerblättern
- Brombeertrieben
- Himbeertrieben
- Holunderknospen; später Holunderblüten
- Gänseblümchen
- Lindenblüten, nach Möglichkeit in der Sonne gepflückt
- Kamille, möglichst in der Sonne gepflückt
- Wiesengeißbartblüten
- Ringelblumenblüten
- Waldmeisterblättern, -blüten und -stängeln
- Thymianblättern, -blüten und -stängeln
- Melisseblättern, -blüten und -stängeln
- Pfefferminzblättern, -blüten und -stängeln
- Schafgarbe, nach Möglichkeit in der Sonne gepflückt, und nur halb so viel von der Menge der übrigen Blätter
- Königskerzenblüten, nach Möglichkeit in der Sonne gepflückt

- Johanniskrautblüten, nach Möglichkeit in der Sonne gepflückt
- Majoranblättern und -blüten (Wilder Majoran oder Dost)
- Kleinblütigem Weidenröschen, davon Blätter, Blüten und Stängel
- Fichtenspitzen
- Labkrautblättern, -blüten und -stängeln
- Rosenblätter, alle Farben, doch nur verwenden, wenn die Rosen biologisch gedüngt wurden

Schlankheits-Tee

Zur Regulierung des Stoffwechsels. Ein Tee, der das Gewicht normalisiert, das Wohlbefinden steigert, gesund, schlank und jugendlich erhält. Er regt die Organe, insbesondere die Drüsen zu erhöhter Tätigkeit an, fördert die Fettverbrennung, steigert die Wasserausfuhr und beschleunigt die Verdauung. Er wirkt regulierend auf den gesamten Stoffwechsel und führt damit eine Normalisierung des Körpergewichts herbei. Es ist ein Tee für alle jene, die zu Fettansatz neigen und schlanker werden wollen.

Man benötigt folgende Kräuter:

15 g Faulbaumrinde
10 g Hagebutten
15 g Tang
8 g Malvenblätter
15 g Brombeerblätter
15 g Himbeerblätter
10 g Heidekraut
7 g Brennnesselblätter
3 g Johanniskraut
2 g Schafgarbenblüten

Zubereitung: Die Kräuter müssen gut miteinander vermischt werden. Für eine Tasse einen gehäuften Teelöffel mit kochendem Wasser überbrühen, eine halbe Minute ziehen lassen, abseihen und langsam schluckweise trinken. Man beginnt mit einer Tasse täglich, steigert bis zu drei Tassen, führt dies sechs Wochen lang durch und geht allmählich auf eine Tasse zurück. Der Tee kann auch nach Beendigung der Kur zur Erhaltung des Normalgewichts, eine Tasse pro Tag, getrunken werden. Zur Erhöhung der Wirkung des Schlankheits-Tees nimmt man ein- bis zweimal wöchentlich ein warmes Vollbad und massiert anschließend den ganzen Körper gründlich durch.

Fasten

Es ist eine gute Sache, einmal in der Woche zu fasten. Fasten heißt in diesem Zusammenhang nicht hungern, sondern die Essensration bis zur Hälfte herabzusetzen. Zum Frühstück beginnt man mit einem Müsli, in das außer Haferflocken, Weizenschrot, Rosinen, etwas Milch und Honig, auch ein Apfel hineingerieben wird. Das Mittagessen soll geringer, wenn möglich zur Hälfte geringer ausfallen als an normalen Tagen. Man schließt den Fastentag abends mit einem butterlosen Brot und einem Apfel ab. Sollten an einem solchen Tag Hungergefühle auftreten, wird ein Kräutertee – schluckweise getrunken – eingesetzt. Er besteht zu gleichen Teilen aus Labkraut, Ringelblumen, Schafgarbe und Melisse. Die Kräuter gut durchmischen. Einen gehäuften Teelöffel pro Tasse mit heißem Wasser abbrühen, eine halbe Minute ziehen lassen, abseihen und schluckweise trinken.

So ein Fastentag ist jedem gesunden Menschen zuträglich, man fühlt sich wohl, frei und beschwingter. Dieser Fastentag soll jedoch nur bei einem leichteren Tagespensum eingesetzt werden.

Hausmittel

- Reines Leinen als Kopfkissen-Überzug ist der Gesundheit besonders zuträglich. Es ist kühlend, wirkt wohltuend auf eventuelle Kopfschmerzen ein und bringt einen ruhigen Schlaf.
- Ein Esslöffel grüner Brennnessel-Samen wird mit einer Banane zu einem Müsli abgerührt. Das hebt die Vitalität enorm.
- Es gibt einen Jungbrunnen für jedermann: Morgens zeitig aufstehen, um der Arbeit ohne Hast nachzukommen, denn „Morgenstund hat Gold im Mund". Da geht die Arbeit munter und gleichmäßig von der Hand. Man beginnt sein Tagewerk voll innerer Fröhlichkeit, die sich auch der Seele mitteilt. Wer sollte da seinem Leben nicht gewachsen sein, wer sollte dabei nicht jung bleiben?

Mischtee der Familie Treben

wohlschmeckend, bekömmlich, aufbauend

Der Tee wird nicht nach Gramm abgewogen, sondern seine Bestandteile jeweils vom Frühjahr an bis in den Oktober nach Gefühl dazugegeben. Es wird – am besten auf dem Dachboden des Hauses – ein großes Papier ausgebreitet. Kommt man von der Kräutersuche heim, werden die frischen Kräuter klein geschnitten aufgestreut. Man beginnt mit den ersten Blüten im Frühjahr, so wie unten angeführt. Von den wohlriechenden wird ein wenig mehr genommen, von den herben Kräutern etwas weniger. Verhalten Sie sich nach Ihrem Gefühl, Sie werden die richtige Mischung zusammenstellen. Gehen Sie freudig an diese Arbeit, lassen Sie den reichen Segen der Natur in Ihr Heim.

- Huflattichblüten, Anfang Mai die Blätter
- Schlüsselblumen, Blüten und Blätter
- Veilchen, wohlriechend, Blüten und Blätter, aber auch andere Veilchen
- Lungenkraut, im Volksmund Hänsel und Gretel, Köpfe
- Sauerklee, Blüten und Blätter
- Gundelrebe, nur wenig davon als Würze, Blüten und Blätter
- Brennnessel, die ersten jungen Triebe im Frühjahr
- Frauenmantel, Blätter und Blüten, später Blätter
- Ehrenpreis, Blüten, Stängel und Blätter
- Erdbeerblätter, Brombeer- und Himbeerspitzen
- Holunder, Schossen, später Blüten
- Gänseblümchen
- Lindenblüten
- Kamillen, Blüten
- Wiesengeißbart, Blüten
- Ringelblumen, Blüten und Blätter
- Waldmeister, Blüten, Stängel und Blätter
- Thymian, Blüten, Stängel und Blätter
- Melisse, Blätter und Stängel, Blüte, falls vorhanden
- Pfefferminze, Stängel, Blätter, Blüte, falls vorhanden
- Schafgarbe, nicht allzu viel
- Königskerze, Blüten
- Majoran (Wilder, auch Dost genannt), Blüten und Blätter
- Kleinblütiges Weidenröschen, Blätter, Stängel und Blüten
- Odermennig, Blüten
- Labkraut, Blüten, Blätter und Stängel
- Goldrute, Blüten
- Vogelknöterich, Stängel, Blätter und Blüten
- Rosenblätter in allen Farben (biologische Düngung)

MARIA TREBENS TIPPS ZUR KÖRPERPFLEGE

Natürlich muss der Mensch seinen Körper pflegen. Doch all die Cremen und Salben aus den Drogerien und Parfümerien sollten Sie besser vergessen. Je weniger Sie auf Ihre Haut streichen, umso besser. Denn mit den Salben verstopft man nur die Poren der Haut und was das bedeutet, wissen wir alle: Die Haut kann nicht mehr richtig atmen, altert schnell, worauf man noch mehr Paste und Make-up hinaufstreicht, und eine solche arme Frau läuft irgendwann mit einem maskenhaften Gesicht herum.

Ich habe derlei in meinem Leben nicht verwendet. Lediglich ein bisschen Lippenstift, das war alles.

Baden

Zum Baden und Waschen nehme ich weder Schaumbäder noch Seife. Ich gieße stattdessen in das klare Wasser Badezusätze aus Salbei-, Thymian-, Kalmus-, Kamille-, Fichtennadel- oder Kiefernnadel-Extrakten und wasche mich mit einem großen Schwamm. Geduscht wird nur mit klarem Wasser.

Trockene Gesichtshaut

Man schneidet die fleischigen Blätter der Aloe der Länge nach auf und legt sie so auf einen Teller, sodass der schleimige Saft heraussickern kann. Den so gewonnenen Saft füllt man in einen Plastikbeutel, um ihn im Kühlschrank aufbewahren zu können. Vor dem Schlafengehen streicht man das Gesicht mit dem Saft ein und lässt ihn über Nacht einwirken. Bitte keine Cremen verwenden!

Fettige Gesichtshaut

Man bestreicht das Gesicht mit einem leicht angewärmten Käsepappelauszug: Anschließend nicht mit klarem Wasser nachspülen, sondern den etwas schleimigen Auszug einwirken lassen. Man kann auch Salbei abbrühen, den Aufguss abkühlen lassen, bis er nur noch lauwarm ist, und dann dem Käsepappelauszug vor dem Gesichtwaschen zugießen.

Akne

Brennnessel

Die Brennnessel ist die beste blutreinigende und gleichzeitig blutbildende Heilpflanze aus dem Garten Gottes. Neben einer schonenden Ernährung trinkt man täglich einen Liter Brennnessel-Tee im Kampf gegen diese Pubertätskrankheit. Auf eine Tasse Tee kommt ein gehäufter Teelöffel Kräuter, abbrühen und eine halbe Minute ziehen lassen, bis der Tee eine hellgrüne Färbung zeigt.

Löwenzahn

Ein gehäufter Teelöffel Löwenzahnwurzeln wird für 12 Stunden in ¼ Liter kaltem Wasser eingeweicht. Anschließend wird der Kaltansatz angewärmt, die Wurzeln abgeseiht und der Tee, je zur Hälfte, eine halbe Stunde vor und nach dem Frühstück schluckweise getrunken.

Meerrettich-Essig-Maske

Frisch geriebener Meerrettich wird in eine Flasche gefüllt und mit Wein- oder Obstessig übergossen, bis er von der Flüssigkeit überdeckt wird. 10 Tage bleibt der Ansatz in der Wärme stehen. Danach wird die Essenz morgens und abends auf das nasse Gesicht aufgetragen. 10 Minuten einwirken lassen und mit klarem Wasser, erst heiß, dann kalt abspülen.

Walnuss

Ein gehäufter Teelöffel klein geschnittene Walnussblätter wird in ¼ Liter kaltem Wasser 12 Stunden eingeweicht. Anschließend wird der Absud erwärmt, abgeseiht und dem Wasser für die Gesichtswäsche zugegossen.

Augenpflege

Augenbäder kann man nur bei guter Wasserqualität anwenden. Auf keinen Fall darf beispielsweise Chlorwasser verwendet werden. Man taucht das Gesicht bis zur Haargrenze ins Wasser. Beim Atemanhalten unter Wasser werden die Augen mehrmals geöffnet und geschlossen. Das anfängliche Schmerzgefühl verliert sich bei Gewöhnung.

Empfehlenswert sind Augenbäder mit Kamille. Einen gehäuften Teelöffel Kamille mit ¼ Liter kochendem Wasser aufbrühen, kurz ziehen lassen und dem Wasser für das Augenbad zugießen.

Vorsicht: Das Wasser für das Augenbad darf nicht zu warm sein!

Gesichtsäderchen

Erweiterte Äderchen im Gesicht: Fein gewiegte Petersilie, als Gesichtsmaske aufgelegt, wirkt oft Wunder. Man sollte dies aber möglichst nur einmal in der Woche tun.

Gesichtshautpflege

Johannisöl

Raue Gesichtshaut behandelt man erfolgreich mit Johannisöl. Man füllt die goldgelben Blüten des Johanniskrauts locker in eine Flasche und übergießt sie mit Öl, das die Blüten bedecken muss. Die Flasche wird mindestens drei Wochen in die Wärme gestellt, bis das Öl sich rötlich verfärbt hat. Nun filtert man den Flascheninhalt durch ein sauberes Leinentuch, presst die ausgefilterten Blüten aus und füllt das Johannisöl in kleinere, dunkle Flaschen. Mit dem Johannisöl reibt man täglich das Gesicht ein und wird sehr schnell die raue Gesichtshaut verlieren.

Labkraut-Waschung

Welke Gesichtshaut wird durch die äußerliche Anwendung von Labkraut-Tee gestrafft. Einen gehäuften Teelöffel Labkraut pro Tasse mit heißem Wasser abbrühen, eine halbe Minute ziehen lassen, abseihen und mit dem Absud das Gesicht mehrmals täglich waschen.

Hausmittel

Wer an unreiner Haut leidet, sollte eine Zeit lang gereinigte Bierhefe einnehmen. Bierhefe wirkt fäulniswidrig und säuretilgend.

Haarpflege

Kamillen-Waschung

Schönes blondes Haar kann man sich bis ins Alter erhalten, wenn man es regelmäßig beim Waschen mit aufgebrühter Kamille spült. Haarpflege mit Kamillen-Absud macht das Haar aber auch leicht, duftig und glänzend. Eine Hand voll Kamillenblüten brüht man mit 1 Liter Wasser auf, eine halbe Minute ziehen lassen, abseihen und mit dem Absud das Haar waschen. Das Haar wird nach der Kopfwäsche nicht mehr gespült.

Geflochtene Haare

Wenn man die Haare, bevor man sie zu Zöpfen flicht, mit Birkenwasser auskämmt, hält der geflochtene Zopf den ganzen Tag und das Haar bekommt einen herrlichen Glanz.

Handpflege

Sind meine Hände rau und aufgesprungen, was bei der Gartenarbeit schon mal vorkommen kann, helfe ich mir mit frischem Zitronensaft. Während des Waschens träufle ich die Hände mit Zitronensaft ein und verreibe ihn mit Wasser. Nach dem Abtrocknen massiere ich meine Hände mit einem Tropfen Glycerin und einigen Tropfen Johannisöl ein.

Strapazierte Hände

Die Gartenarbeit strapaziert unsere Hände oft arg. Eine Wohltat ist es dann, die Hände eine Viertelstunde in Haferschleim zu baden. Sie werden wieder weich und glatt, auch die Fingernägel freuen sich, wenn sie brüchig geworden sind.

Haut (unrein)

Bärlauch

Dank seiner blutreinigenden Eigenschaften verspricht der Bärlauch vor allem bei chronisch unreiner Haut rasche Hilfe. Im Frühjahr sammelt man die frischen Bärlauchblätter, die gewaschen und klein geschnitten verzehrt werden. Ähnlich wie die Petersilie streut man Bärlauch auf alle Speisen, die üblicherweise mit Petersilie oder Schnittlauch verfeinert und dekoriert werden. Mit Bärlauchblättern kann man auch einen Salat zubereiten oder Spinat kochen.

Bärlauch-Essenz

Um sich die Heilkraft des Bärlauchs das ganze Jahr über zu sichern, setzt man eine Bärlauch-Essenz an. Man füllt eine Flasche mit klein geschnittenen Bärlauchblättern oder Bärlauchzwiebeln, übergießt die Kräuter mit 38–40 %igem Kornbranntwein und lässt die Flasche mindestens zwei Wochen in der Wärme stehen. Von dieser Essenz nimmt man täglich viermal 10 bis 15 Tropfen, mit etwas Wasser verdünnt.

Wegwarte

Einen gehäuften Teelöffel Wegwarte pro Tasse mit heißem Wasser abbrühen, eine halbe Minute ziehen lassen, abseihen und schluckweise eine Tasse am Morgen trinken.

Talgdrüsen

Kleiner Schwedenbitter

Talgdrüsen verschwinden, wenn sie öfters mit Kleinem Schwedenbitter angefeuchtet werden. Man beträufelt einen Wattebausch mit Kleinem Schwedenbitter und tupft damit die Talgdrüse ab.

Noch ein Wink zur Schönheitspflege

Als unser Vater mit 39 Jahren ganz plötzlich von uns genommen wurde – scheuende Pferde gingen vor einem herankommenden Auto plötzlich durch – übersiedelten wir von Saaz nach Görkau / Sudetengebiet. Auf dem Schulweg sprach mich eines Tages eine mir fremde Frau an: „Ja,

Dirnderl, wem gehörst du denn? Dich hab ich noch nie gesehen. Und so ein hübsches Dirnderl. Da verrat ich dir etwas, damit du dein ganzes Leben lang so schön bleibst! Wenn du dir mit dem erstgefallenen Schnee dein Gesicht einreibst, wirst du immer hübsch bleiben!“ Ich war damals 10 Jahre alt. Das Gespräch mit der fremden Frau habe ich niemals vergessen. Jedes Jahr, bis zum heutigen Tag, habe ich mein Gesicht mit dem ersten frisch gefallenen Schnee eingerieben. Vielleicht ist das der Grund, warum mein Gesicht faltenlos blieb? Diese Begebenheit sollte auf jeden Fall nicht in Vergessenheit geraten. Wer weiß, welch hübsches Kind – auch später als Frau – sich diesen Wink zunutze macht?

SO ERNÄHRTE MARIA TREBEN IHRE FAMILIE

Folgendes schrieb Maria Treben über ihre Art zu kochen und die Familie zu versorgen:

Immer wieder wird an mich die Frage gestellt, ob wir, meine Familie und ich, vegetarisch leben. Da muss ich mit einem Nein antworten. Als wir noch in Prag lebten, besuchte meine Mutter einige Jahre hindurch ein Naturheilsanatorium in Nordböhmen, das selbstverständlich ganz vegetarisch geführt war. Der leitende Arzt informierte seine Kurgäste folgendermaßen: Wir haben die Erfahrung gemacht, dass die verordnete Säftekur, die allmählich in eine fleischlose Ernährung übergeht, den Menschen entschlackt und ihn damit von Krankheiten befreit. Es ist eine Kur von 4 bis 6 Wochen. Daheim aber sollte man wieder zu einer normalen Kost übergehen, auch Fleisch einbauen, jedoch alles mit Maß. „Alles mit Maß" ist einer der wichtigsten Grundsätze des Lebens. Ich habe die Küche meiner Mutter übernommen, nicht nur Fleisch mit Maß, sondern auch Rohkost und Obst. Wenn man z.B. gesundes Obst maßlos in sich hineinstopft, kann die Niere daraufhin ungünstig reagieren. Es kann dadurch der Haarwuchs schütterer werden, gleichzeitig auch die Sehkraft der Augen nachlassen. Pro Tag sollte man höchstens zwei Äpfel essen, dies gilt auch bei Orangen, Mandarinen und anderem Obst. Die Säure kann im Übermaß der Niere schaden. Da auch größere Mengen Rohkost starke Blähungen verursachen, habe ich mir angewöhnt, grünen Salat in kleineren Mengen auf den Tisch zu bringen, ihn mit Tomaten, gekochten Möhren und Sellerie zu garnieren.

Tomaten werden ohne Zitrone, nur mit etwas Salz und Zucker, die übrigen Zutaten ebenfalls mit Salz und Zucker und einigen Tropfen Zitronensaft abgeschmeckt. Außerdem stelle ich noch ein geriebenes Müsli aus Möhren, Petersilien- und Selleriewurzeln täglich zusammen, das leicht gezuckert mit Sauerrahm angerührt wird. Das ist die Rohkost, die für unseren Mittagstisch als Vorspeise gilt. Diese mit Maß hergestellte Rohkost ruft keine Blähungen hervor. Menschen mit empfindlichem Darmtrakt, mit Gallen- und Leberleiden dürfen überhaupt keine Rohkost, auch kein rohes Obst zu sich nehmen, Letzteres noch am ehesten als Kompott. Ich reiche täglich, jahrein und jahraus, als Nachtisch eine Schale Kompott. Es ist ein guter Abschluss und hat den Vorteil, dass man keine andere Flüssigkeit zum Essen zu reichen braucht.

Ich bin mit meiner Küche, auf Maß aufgebaut, immer gut gefahren. Man steht nicht überfüllt vom Tisch auf. Morgens, ½ Stunde vor dem Frühstück, ein Kräutertee, der öfters kräutermäßig gewechselt wird. Statt Kaffee bereite ich manchmal ein Müsli aus Haferflocken, etwas Milch, Honig, Rosinen, geriebenen Äpfeln und sonstigen Zutaten. Mein Mann trinkt Schonkaffee, bei dem ich auch manchmal zugreife.

Ich habe mir zur Gewohnheit gemacht, von meinen biologisch angebauten Petersilien- und Selleriepflanzen mehrmals im Jahr die Blätter abzunehmen und sie von den Stängeln abzuzupfen, sie zu trocknen, mit den Handflächen zu zerreiben und zu pulverisieren. In kleine Schraubgläser gefüllt, stehen sie mir stets zur Hand. Mit dieser herrlichen Würze verfeinere ich alles, Suppen, Knödel, Fleischspeisen, reibe den vorbereiteten Braten ein, ja selbst das kurz gebratene Fleisch. So kommt eine fantastische Bratensauce zustande.

Das lebende Beispiel meiner gesunden Küche mit Maßhaltung ist mein Mann. Als leitender Ingenieur 36 Jahre auf seinem Posten (so hatte er z.B. während des Krieges die Elektrifizierung des Böhmerwaldes auf sudetendeutscher Seite in Händen) und keinen einzigen Tag krank! So etwas ist wirklich einzigartig! Wie schnell ist jemand verkühlt und bleibt zu Hause im Bett. Oder herzmäßig gibt es Attacken. Bei meinem Mann gottlob nicht! Vor einiger Zeit war er seines Gehörs wegen bei einem Facharzt, der es einfach nicht glauben wollte, dass es Menschen gibt, die außer ihren Kinderkrankheiten keine anderen hatten.

Ein kleines Beispiel zum Schluss, wohin Maßlosigkeit führen kann: Ich war in einem kleinen oberösterreichischen Kneipport zur Kur. Und weil sich solches herumspricht, kam eines Tages ein Ehepaar mit einem vierjährigen Mädchen aus der niederösterreichischen Weingegend zu mir. Das kleine Mädchen hatte kein einziges Haar mehr am Kopf. Bis zu seinem dritten Lebensjahr hatte es schöne blonde Haare gehabt. Mit reichem Wortschwall erzählte mir die Mutter, wie die Eltern mit dem Kind von Arzt zu Arzt, von Klinik zu Klinik gezogen sind, ohne dass sich an dem Zustand des Kindes etwas geändert hätte. Ich aber sah das Kind wortlos an, dann sagte ich zur Mutter gewandt: „Sie brauchen mir eigentlich nur erzählen, wie Sie Ihr Kind ernähren, ich will alle Einzelheiten darüber wissen." Da hörte ich mit Staunen, „wie gesund" das Kind, kaum der Flasche entwöhnt, ernährt wird. Morgens täglich auf nüchternen Magen einen Liter „gesunde Flüssigkeit" aus Orangen, Mandarinen, Grapefruit, Zitrone und da sie nebenbei eine Menge Äpfel aus eigenem Garten besaßen, kam auch dieser ausgepresste Saft dazu. Die starke Obstsäure auf nüchternen Magen hat dem kleinen Mädchen die Haare genommen, die Niere konnte diese Menge Säure nicht mehr verarbeiten.

Schweinelende, auf Speck gebraten

Eine längliche Pfanne oder Jenaer Glasform mit dünnen Speckscheiben auslegen – die Lende salzen, mit etwas schwarzem, gemahlenem Pfeffer bestreuen und auf den Speck legen, daneben eine Zwiebel. Ein kräftiges Stück Butter in einem Pfännchen heiß werden lassen und über die Lende gießen. Im auf 220 Grad vorgeheizten Backofen 25–30 Minuten braten. Das Fleisch soll noch saftig sein. In dünne Scheiben schneiden und in der Pfanne servieren. Dazu schmeckt eigentlich fast alles, was keinen überdeckenden Geschmack hat, z.B. Butterbohnen, Blumenkohlsalat, Spargel in allen Varianten. Die Lende kann nie zu groß sein, denn kalt ist sie ein begehrter Leckerbissen.

Medaillons aus der Schweinelende

Am besten lässt sich die Lende in Scheiben schneiden, wenn sie noch etwas gefroren ist – ungefähr einen halben Zentimeter breit –, leicht salzen und pfeffern. In der Pfanne gutes Öl erhitzen; wenn es heiß ist, einen kräftigen Stich Butter zugeben. (Die Butter verfeinert den Geschmack, das Öl verhindert das vorzeitige Braunwerden der Butter.)

Die Medaillons nur kurz auf beiden Seiten braten, sobald Blut austritt, wenden. (Das gilt für alles Kurzgebratene.) Auf einer Platte in das auf 100 Grad vorgeheizte Backrohr geben. Medaillons werden immer mit etwas Pikantem belegt. Grundzutaten sind fein gehobelte, gedünstete Zwiebeln. Zwiebeln immer sofort mit Salz bestreuen, damit sie nicht braun werden. Schön hell geschmort, wiederum in Öl mit Butter, entwickeln sie das beste Aroma.

Variante 1

Mit den Zwiebeln dünstet man ganzen grünen Pfeffer, hierzu schmecken am besten blaue Zwiebeln.

Variante 2

Mit den Zwiebeln Pilze schmoren, dabei sind der Fantasie keine Grenzen gesetzt. Im Zweifelsfall aber immer Champignons aus der Dose.

Variante 3

Unter die Zwiebeln geriebenen Meerrettich mischen.

Diese Mischungen nun in kleinen Häufchen auf die Medaillons geben und weiter heiß halten. In der Pfanne, in der noch ein Rest Saft von den Zwiebeln sein sollte, unter kräftigem Rühren Sahne für eine Sauce anbräunen. Für eine ganze Lende reicht ¼ Liter, am schmackhaftesten ist es, wenn man süße und saure Sahne mischt. Ein paar Spritzer Sojasauce heben den Geschmack. Diese Sauce nun um die Medaillons gießen und servieren. Dazu schmecken sehr gut Reis, alle Salate und besonders gut ein Sommergemüse aus Paprikaschoten, geschälten Gurken, Tomaten, Zwiebeln und reichlich Dill.

Schweinelende nach Schweizer Art

Hierzu schneiden wir die Lende wieder in etwas gefrorenem Zustand in dünne Scheiben. Wir bestreuen sie mit etwas Salz und weißem Pfeffer und bestäuben sie leicht mit Mehl. Nun schlagen wir ein bis zwei Eier auf, wenden die Fleischscheiben darin, braten sie in heißem Öl zu schöner Farbe und halten sie wieder im Backrohr warm. In der Zwischenzeit kochen wir Spaghetti nicht zu weich und reiben reichlich Schweizer Käse, den wir unter die gekochten Spaghetti mischen. Die Nudeln müssen schön Fäden ziehen. Das restliche Öl aus der Pfanne gießen wir weg. Stattdessen geben wir ein ordentliches Stück Butter in die Pfanne, lassen es heiß werden und schwenken darin unsere gebratene Lende. Die Spaghetti richten wir in einer tiefen Schale an, drapieren darauf unser gebratenes Fleisch und übergießen es mit der heißen Butter.

Schweinelende italienisch

Dieses Gericht bereite ich am liebsten in meinem Römertopf zu. Er muss gut gewässert sein, dadurch bleibt alles sehr saftig. Wir schneiden die Lende wieder in dünne Scheiben, salzen und pfeffern sie, am besten mit weißem Pfeffer. Von ca. 200 g gekochtem Schinken legen wir mit der Hälfte den Boden des Römertopfes aus. Darauf nun eine Lage Schweinelende, eine Lage Tomaten, wenn möglich frische, es gehen aber auch Tomaten aus der Dose, die wir allerdings abtropfen lassen. Nun eine Lage fein geschnittene Zwiebelringe. Darauf eine Lage, ca. 250 g, Champignons. Auch da können wir uns mit einer Dose behelfen. Jetzt kommt wieder eine Schicht Schweinelende und als Abschluss noch einmal gekochter Schinken. Unter eine Tasse saure Sahne mischen wir etwas Oregano, Thymian, einen Schuss Tomatenketchup und ungefähr 50 g geriebenen Käse. Diese Mischung gießen wir über das Ganze und lassen es bei 225 Grad 60 Minuten garen. Dazu schmecken Spaghetti natürlich am besten. Aber man kann auch Reis als Beilage verwenden, wie zu allen Gerichten mit Schweinelenden.

Reis

Für Reis habe ich eine ganz einfache Regel: ein Teil Reis – gleich zwei Teile Flüssigkeit. Ich schreibe Flüssigkeit, weil ich nie nur Wasser verwende, sondern immer eine kräftige Fleischbrühe. Dadurch schmeckt der Reis schon kräftig und verwässert nicht, wie so oft, den Geschmack der Beilagen. Man sollte immer ungeschälten Reis verwenden.

Suppen als vollständige Mahlzeit

Gulaschsuppe

Vier große Zwiebeln und ein Suppengrün schneiden wir klein und dünsten sie in etwas heißem Öl. Von ½ Liter Wasser kochen wir mit Suppenwürfeln eine Bouillon und lassen sie mit dem gedünsteten Gemüse leise weiterkochen. 250 g abgehangenes Rindfleisch schneiden wir sehr fein, salzen es leicht und braten es kurz in heißem Öl. Das Fleisch schöpfen wir aus der Pfanne in den Topf mit der leise gekochten Suppe, in dem verbliebenen Fleischsaft rühren wir drei Esslöffel Paprika glatt und geben ihn auch in die Suppe. Im Sommer schneiden wir 250 g Tomaten klein, im Winter helfen wir uns mit einer Dose Tomaten, die wir zusammen mit 35 g Reis nun in den Topf geben. Das Ganze lassen wir nun nur noch sachte kochen, bis der Reis ausgequollen ist. Vor dem Anrichten geben wir eine große oder zwei kleine Gewürzgurken, die wir gewürfelt haben, in den Suppentopf.

Hühnertopf

Ein halbes Suppenhuhn kochen wir in 1½ Liter Wasser mit Salz und weißen Pfefferkörnern ca. 1½ Stunden, bis es weich ist. (Je nach Alter des Huhnes.) In der Zwischenzeit schneiden wir vier große Zwiebeln sehr fein, am besten in Ringe. Von der Hühnerbrühe schöpfen wir das Fett in einen zweiten Topf ab und darin dämpfen wir nun die Zwiebeln weich. Je nach Jahreszeit geben wir reichlich frische Tomaten oder Tomaten aus der Dose dazu. Das Huhn nehmen wir aus der Brühe, lösen das Fleisch von den Geflügelknochen und schneiden es klein. In der Brühe lassen wir 35 g Reis ausquellen. Nun geben wir alles zusammen in eine Terrine und schmecken mit dem Saft einer ganzen Zitrone und reichlich weißem Pfeffer ab.

Ukrainische Krautsuppe

Mit einem Ochsenschwanz oder einem Stück Rinderwade kochen wir eine kräftige Brühe. Als Erstes geben wir einen kleinen Kopf Weißkraut, den wir fein gehobelt haben, hinein. Dann in dieser Reihenfolge: eine in Würfel geschnittene Paprikaschote, vier geviertelte Tomaten und zwei große, gewürfelte Kartoffeln. Das Gemüse sollte noch Biss haben, die Kartoffeln noch nicht zerfallen sein. Zum Schluss schmecken wir mit sehr viel gehacktem, frischem Dill und reichlich weißem Pfeffer ab.

All diese Suppen sind herrliche Muntermacher nach anstrengenden Tagen oder auch Nächten.

Bierteig – zum Umhüllen von allem Zarten

Aus 200 g Mehl, zwei Eigelb und ¼ Liter dunklem Bier stellt man einen dicklichen Pfannkuchenteig her. Will man Süßes damit umhüllen, gibt man nur eine Prise Salz dazu. Bei Fisch oder gekochtem Schinken darf man etwas kräftiger salzen. Zum Schluss wird das steif geschlagene Eiweiß darunter gehoben.

Hollerküchlein

Holunderblütendolden wäscht man gründlich und lässt sie auf einem Küchentuch gut abtropfen. Man wendet sie im Bierteig und bäckt sie in heißem Butterschmalz. Mit Zucker bestreut, sind sie ein köstlicher Nachtisch mit unvergleichlichem Aroma.

Apfelküchlein

Geschälte, mürbe Äpfel schneidet man in ca. 1 cm dicke Ringe, die man mit etwas Rum und Zucker einige Zeit ziehen lässt. Dann werden sie im Bierteig gewendet und in heißem Butterschmalz in der Pfanne gebacken. Mit Zucker und Zimt bestreut, können sie sofort serviert werden, sie schmecken jedoch auch erkaltet sehr gut.

Fischfilet im Bierteig

Es eignet sich jede Art von Fischfilet dazu, in Bierteig gebacken zu werden. Es bleibt unvergleichlich zart und saftig. Wichtig ist, das Filet erst zu waschen und es dann, mit Zitronensaft beträufelt, einige Zeit stehen zu lassen. In der Folge muss es gut abgetupft werden; je trockener es ist, umso besser kann der Bierteig es umhüllen. Wir salzen es erst unmittelbar vor dem Backen, da das Salz es wieder feucht macht. Nun wenden wir es im Bierteig und backen es in heißem Butterschmalz goldgelb. Sollte nicht alles aufgegessen werden – es schmeckt auch kalt sehr gut.

Gedünsteter Schellfisch

Eine kleine Dose Tomaten mit zwei großen, fein gehobelten Zwiebeln, etwas Salz und Oregano dünsten. Den Fisch waschen, mit Zitronensaft beträufeln und etwas ziehen lassen. Dann salzen, leicht mit weißem Pfeffer würzen und mit Senf bestreichen. Auf die Tomaten-Zwiebel-Mischung legen und bei leichter Hitze 20 Minuten dünsten. Verfeinern lässt sich das Gericht, wenn man einen in feine Scheiben geschnittenen Apfel mitdünsten lässt. Dazu schmeckt am besten Reis.

Gedünsteter Goldbarsch

Den Fisch waschen, mit Zitronensaft beträufeln und salzen. Eine große Zwiebel fein hobeln und in etwas Öl weich dünsten, ohne sie bräunen zu lassen. Mit einer Tasse Weißwein aufgießen und den Fisch auf das Zwiebelbett legen. Bei leichter Hitze 20 Minuten vorsichtig dünsten. Zum Schluss drei bis vier Löffel süße Sahne zugießen und mit einem Hauch weißen Pfeffer nachwürzen. Auch zu diesem Gericht schmeckt Reis am besten.

Karpfen

Nach Möglichkeit nehme ich immer einen Karpfen, der nicht mehr als 1000 g wiegt. Bei größeren Fischen besteht immer die Gefahr, dass sie ziemlich fett sind. Der Karpfen wird geviertelt, unter fließendem Wasser gewaschen, auf einen Rost gelegt und mit kochendem Essig übergossen. Dadurch bekommt er seine herrlich blaue Farbe. Nun setzen wir 1½ Liter Wasser auf, dem wir eine kleine Hand voll Salz zugegeben haben. Bis das Wasser kocht, haben wir eine Stange Lauch, zwei große gelbe Rüben, eine halbe Knolle Sellerie und drei Zwiebeln geputzt und in nicht zu kleine Stücke geschnitten, die wir nun zusammen mit 10 weißen Pfefferkörnern in das Wasser geben. Wenn das Gemüse halb gar ist, legen wir den Karpfen obenauf und lassen das Ganze 20 Minuten leicht köcheln, auf gar keinen Fall zu stark kochen! Auf einer vorgewärmten Platte richten wir den Karpfen an, den wir mit dem bunten Gemüse umrahmen. Dazu reichen wir Salzkartoffeln, Sahnemeerrettich und frische Butter.

Sahnemeerrettich

In eine Schüssel, in die wir den Saft einer Zitrone gegeben haben, reiben wir einen Apfel und ein Stück frischen Meerrettich. (Es geht auch Meerrettich aus dem Glas.) Wir schlagen Obers steif und heben dann das Apfel-Meerrettich-Gemisch darunter. Am Anfang immer nur wenig Meerrettich nehmen und dann abschmecken. Wenn es zu scharf nach Meerrettich schmeckt, wird der feine Geschmack des Karpfens überdeckt.

Hackfleisch und was man alles daraus zaubern kann

Reiterfleisch

250 g gemischtes Hackfleisch vermengt man gut mit einer großen gehackten Zwiebel, einem Ei, zwei Esslöffel saurer Sahne oder Dickmilch, zwei Teelöffel geriebenem Meerrettich, einem Schuss Tomatenketchup und einer großen oder zwei kleinen geschnittenen Gewürzgurken. Es wird mit Salz, Pfeffer, viel edelsüßem Paprika und einer Prise Cayennepfeffer gewürzt. In einer Pfanne erhitzen wir gutes Öl und geben die ganze Masse locker in das heiße Fett. Unter ständigem Wenden wird das Fleisch schnell zu einer lockeren Farce gebraten. Verwenden lässt es sich sehr vielseitig. Zu allen Gemüsen, Salaten, mit Kartoffeln oder auch frischem Stangenbrot.

Balkan-Pfanne

250 g Hackfleisch knetet man gut mit einer eingeweichten, ausgedrückten Semmel (Weißbrot), einem Ei, einer klein geschnittenen Zwiebel, einem Esslöffel saurer Sahne, Salz, Pfeffer, viel Paprika und etwas Basilikum durch. Diese Masse füllt man in eine flache, feuerfeste Keramikschüssel. Stern-

förmig drücken wir in die Hackfleischmasse eine in Streifen geschnittene Peperoni. Nun schneiden wir zwei Tomaten in Achtel und belegen das Ganze schön gleichmäßig damit. Wir bestreuen die Tomaten noch mit etwas Oregano. Im auf 200 Grad vorgeheizten Backrohr lassen wir unsere Masse 50 Minuten schmoren. Jetzt streuen wir noch geriebenen Käse darüber; sobald er schön zerlaufen ist, können wir die Pfanne servieren. Sehr gut passt dazu ein Paprikagemüse, aber auch jeder Salat und am Abend nur frisches Weißbrot.

Pikante Fleischklößchen in Sommergemüse

Unser Sommergemüse besteht aus Zwiebeln, Paprikaschoten, Tomaten und grünen Gurken. Erst dünsten wir die in feine Ringe geschnittenen Zwiebeln, die wir mit Salz bestreuen, in wenig Öl. Dann kommen die in Streifen geschnittenen Paprikaschoten hinzu, die grünen Gurken schneiden wir in Würfel, wobei wir zuerst das Kerngehäuse entfernen, und zum Schluss die Tomaten. Eine Zugabe von Wasser erübrigt sich. Das Ganze schmecken wir mit Salz, etwas Paprika und sehr viel frischem Dill ab. Wer es kräftiger haben möchte, kann etwas gekörnte Brühe zugeben. In der Zwischenzeit haben wir den Teig für unsere Fleischklößchen zubereitet. 250 g Hackfleisch wird mit Salz, Pfeffer, einem halben Teelöffel Chinagewürz, einem Schuss Sojasauce, einem Ei und einer kleinen, sehr fein gehackten Zwiebel fest vermengt. Daraus formen wir mit einem Teelöffel kleine Klößchen, die wir auf dem Sommergemüse in etwa 15 Minuten garen. Dazu schmeckt Reis am besten.

Lauch-Pfanne

Aus 250 g Hackfleisch, einem eingeweichten Brötchen, einem Ei, einer klein geschnittenen Zwiebel, einem Esslöffel saurer Sahne, etwas Tomatenketchup, Salz, Pfeffer und Kümmel kneten wir einen schönen Fleischteig. Damit füllen wir den Boden einer flachen Pfanne oder feuerfesten Keramikschale. Nun blanchieren wir 350 g geputzten, gewaschenen Lauch, den wir in nicht zu kleine Stücke schneiden. Wenn er gut abgetropft ist, geben wir ihn auf das Hackfleisch. 100 g geriebenen Käse mischen wir unter eine Tasse süße Sahne. Würzen mit einem Hauch Muskatnuss und reichlich weißem Pfeffer. Wir verteilen das Ganze gut über unserem Lauch, decken es mit Alufolie ab und geben es in den auf 200 Grad vorgeheizten Backofen. Nach 30 Minuten entfernen wir die Alufolie und lassen das Ganze noch ungefähr 20 Minuten im Rohr. Die Oberfläche sollte nur wenig Farbe annehmen, da sonst der Käse bitter schmeckt. Am besten isst man dazu Kartoffeln, sehr gut schmecken aber auch Rösti, die ganz leicht herzustellen sind.

Rösti

Auf einer groben Reibe, noch besser einer Raspel, reibt man 750 g gekochte Kartoffeln, salzt das Ganze und rührt ein Ei darunter. Mit einem Esslöffel portioniert man den Teig in eine heiße Pfanne und brät die Röstis schnell und knusprig bei großer Hitze. Röstis passen zu fast jedem Gericht und sind vor allem für Kinder und deren jung gebliebene Väter immer eine wahre Wonne.

Wozu Röstis besonders gut schmecken

Wienerle mit scharfer roter Sauce

Eine große Zwiebel schneiden wir fein und dünsten sie, mit Salz bestreut, in Öl. Wir geben zwei bis drei Tomaten und eine fein geschnittene Paprikaschote dazu, lassen alles zu einer dicklichen Sauce schmoren. Dann würzen wir mit viel Paprika und mutig mit Cayennepfeffer. Zum Schluss, wenn es nicht mehr kochen darf, schneiden wir eine Gewürzgurke hinein. Dazu servieren wir Würstchen und Röstis. Ein schnelles, aber sehr pikantes Mahl.

Petersiliensauce

Wir kochen 400 g mageren, leicht geräucherten Schweinebauch weich. In etwas Butter mit einer fein geschnittenen Zwiebel, die mit Salz bestreut wird, dünsten wir einen Kinderlöffel Mehl zu einer hellen Einbrenn. Wir gießen mit der Brühe auf und lassen die Sauce nur einmal kurz aufkochen. Sehr viel Petersilie hacken wir fein und lassen sie ebenfalls in der Sauce nur einmal kurz aufwallen. Jetzt schmecken wir mit weißem Pfeffer und geriebener Muskatnuss ab. Den geräucherten Bauch schneiden wir in Scheiben und servieren ihn in der Sauce. Die Röstis schmecken hierzu herrlich. Sehr gut eignet sich zu dieser Petersiliensauce aber auch ein Serviettenknödel.

Serviettenknödel

250 g altbackenes Weißbrot schneiden wir in dünne Scheiben, übergießen diese mit ¼ Liter Milch und lassen sie gut durchfeuchten. Nach ca. einer Stunde mengen wir vier Eier darunter, würzen mit Salz, geriebener Muskatnuss und gehackter Petersilie. Auf einen Suppenteller legen wir nun eine feuchte Serviette (50 x 50 cm) und füllen sie mit der lockeren Knödelmasse. Die vier Enden heben wir hoch und binden sie mit einem Band ab. Dann knoten wir die vier Enden über einen Holzlöffel und hängen den Kloß über einen Topf mit kochendem Wasser. Der Deckel wird locker aufgelegt und so lassen wir den Knödel eine Stunde

kochen. Das Lösen der Serviette erfordert ein wenig Geschick, da das Tuch natürlich sehr heiß ist. Bevor wir den Knödel aufschneiden, lassen wir ihn ein paar Minuten ruhen. Alle Braten, deren Sauce mit Rahm gebunden ist, schmecken hierzu besonders gut.

Rinderschmorbraten im Römertopf

Im gut gewässerten Römertopf bereiten wir ein Bett aus grob geschnittenen Zwiebeln. Meine Regel lautet immer: ein Teil Zwiebeln – zwei Teile Fleisch. Dann noch ein bis zwei gelbe Rüben. Das Fleisch sollte gut abgehangen sein, sehr gut eignet sich ein Stück Tafelspitz, aber auch ein Stück vom Grat wird immer sehr zart. Das Fleisch salzen und pfeffern wir und legen es auf das Gemüsebett. Nun kommen noch 2 Lorbeerblätter, 10 Pfefferkörner, 5 Wacholderbeeren und drei Pimentkörner dazu. Ein bis zwei Markknochen garantieren eine besonders kräftige Sauce. Jetzt gießen wir eine Tasse Rotwein seitlich in den Topf und schieben ihn geschlossen in das kalte Backrohr. Bei 200 Grad braucht der Braten ungefähr 2½ Stunden. Nach 1½ Stunden öffnen wir den Römertopf und gießen sauren Rahm zu. Dies wiederholen wir noch zweimal. Wenn das Fleisch dann fertig ist, wird es herausgenommen, in Alufolie gewickelt und warm gestellt. Jetzt kann sich der Saft im Fleisch setzen und läuft beim Schneiden nicht heraus. Die Sauce wird nun durch ein Haarsieb passiert. Das Zwiebelbett wird jetzt zum Saucenbinder. Wir brauchen kein Stäubchen Mehl und haben trotzdem eine schön gebundene Sauce. Es sollte nach Möglichkeit auch kein Tropfen Wasser an die Sauce kommen. Man kann noch mit etwas süßer Sahne und Rotwein nachwürzen.

Thüringer Klöße

Wer einmal Thüringer Klöße gegessen hat, wird immer wieder an sie denken. Für die Franken sind sie das edelste Produkt, welches je aus Kartoffeln gemacht wurde. Leider sind sie gar nicht so einfach herzustellen. Deshalb sollte man nicht verzagen, wenn es das erste Mal noch nicht klappt. In fast jeder Familie gibt es ein Hausrezept, das ängstlich gehütet wird. Ich habe sehr viele dieser Rezepte ausprobiert und bin letztlich bei diesem geblieben. Ganz perfekte Hausfrauen machen ja alles aus dem Gefühl, wiegen gar nichts ab und es klappt trotzdem. Zu denen gehöre ich nicht.

500 g geschälte Kartoffeln schneidet man klein und setzt sie, gut mit Wasser bedeckt, zum Kochen auf. Sind die Kartoffeln gut weich, zerstampft man sie zu einem dickflüssigen Brei, der nun blubbernd kochen soll. Jetzt reibt man schnell (damit die Kartoffeln sich nicht verfärben) 250 g Kartoffeln auf einer feinen Reibe. 100 g Kartoffelmehl und eine kleine Hand voll Salz werden nun darunter gerührt. Jetzt kommt das Schwierigste und Wichtigste des Ganzen, das Überbrühen der Masse mit dem kochenden Kartoffelbrei. Am besten gelingen die Klöße, wenn man zweimal brüht, das heißt, erst eine Hälfte, dann gut verrühren und dann die zweite Hälfte des kochenden Breis. Anschließend wird diese Masse kräftig, am besten mit einem Holzquirl, geschlagen. In Franken ist dies Arbeit des Hausherrn, während die Frau die Schüssel hält! Das Gelingen hängt wirklich vom kräftigen Schlagen ab. Im Idealfall löst sich der Teig von der Schüssel. Nun werden mit nassen Händen, die man immer wieder in kaltes Wasser taucht (die Masse ist sehr heiß), Klöße geformt und in kochendes Wasser gegeben. Das Wasser soll dann nicht weiterkochen, die Klöße nur ziehen. Wenn sie an der Oberfläche schwimmen, sind sie fertig. Es gibt nun drei Möglichkeiten. Die Klöße sind

traumhaft schön und eine reine Gaumenfreude. Echte Thüringer Klöße sind nie ganz fest, sie laufen etwas auf dem Teller und verbinden sich herrlich mit jeder Sauce. Die Klöße sind zu weich – das kann an dem geringen Stärkegehalt der Kartoffeln liegen oder der Brei war zu dünn und hat nicht genügend gekocht. Die Klöße sind zu fest, dann war der Brei zu dick. Verzagen Sie nicht, wenn es das erste Mal nicht gleich klappt. Ein weiterer Versuch lohnt sich ganz bestimmt. Wenn die Klöße aber bereits beim ersten Mal gelungen sind, muss ich Ihnen gratulieren.

Rouladen

Wenn wir das Fleisch für Rouladen einkaufen, achten wir darauf, dass es schön abgehangen ist und vor allen Dingen lassen wir uns ein paar Markknochen mitgeben. Während wir die Rouladen füllen, lassen wir die Rinderknochen schön ausbraten. In dem sich bildenden Fett braten wir dann die Rouladen an. Das gibt eine besonders kräftige Sauce. Die Rouladen bestreuen wir mit Salz und Pfeffer. Mit der Messerschneide bestreichen wir sie dann auf der Innenseite dünn mit mittelscharfem Senf. Nun wird ein Teelöffel geriebener Meerrettich darauf verstrichen. Jetzt kommen reichlich Zwiebelringe und Speckstreifen auf die Fleischscheiben und diese werden vorsichtig aufgerollt. Für mich ist es immer noch am einfachsten, die Rouladen mit einem Zwirnsfaden zu umwickeln. Nun werden sie von allen Seiten gut angebraten. Wenn wir etwas kochendes Wasser zugegossen haben, können auch wieder die Knochen in die Pfanne kommen. Von der Sauce sollte aber nur ein Drittel aus Wasser bestehen, der Rest aus saurer Sahne, die wir nach und nach zugeben. Wenn die Rouladen gut gewürzt waren, braucht die Sauce nicht nachgewürzt zu werden. Aber eine Prise Zucker wird sie verbessern.

Gänsebraten

Die Gans wird innen und außen gut mit Salz eingerieben. Wir geben eine Zwiebel und ein Sträußchen Beifuß ins Innere der Gans und legen sie mit der Brustseite nach unten in die Bratpfanne. Nun übergießen wir die Gans mit ¼ Liter kochendem Wasser und schieben sie in den auf 220 Grad vorgeheizten Backofen. Je nach Größe und Gewicht der Gans braucht sie 3 bis 3½ Stunden Bratzeit. Nach einer Stunde Bratzeit wenden wir sie zum ersten Mal und wiederholen dies dann jede ½ Stunde. Sie wird immer schön begossen und die Flüssigkeit nach Bedarf nachgefüllt. ½ Stunde vor Ende der Bratzeit nehmen wir die Gans aus der Pfanne und schöpfen das Fett von der Sauce gut ab. Es kann später zum Kochen von Sauerkraut verwendet werden und verleiht dem Kraut ein wundervolles Aroma. Jetzt nehmen wir den Beifuß aus der Gans und lassen ihn in der Sauce mitbrutzeln.

Huhn Elsässer Art

Im gut gewässerten Römertopf bereiten wir ein Bett aus fein geschnittenen Zwiebeln und 250 g blättrig geschnittenen Champignons. Notfalls können sie auch aus der Dose sein. Das Hähnchen vierteln wir, salzen es, bestreuen es leicht mit weißem Pfeffer und legen es auf das vorbereitete Bett. Wenn wir auch die Innereien des Hähnchens haben, schneiden wir Leber und Magen fein und geben sie auch mit in den Römertopf. Nun gießen wir seitlich eine Tasse Weißwein zu, schieben den geschlossenen Römertopf in den kalten Ofen und stellen auf 200 Grad Wärme ein. Nach 90 Minuten nehmen wir den Deckel ab, begießen das Hähnchen mit dem Saft und lassen den offenen Römertopf noch bis zum leichten Bräunen des Hähnchens im Backrohr. Mit etwas süßer Sahne runden wir die Sauce ab und reichen Fadennudeln dazu.

Paprika-Huhn

Diesmal bereiten wir ein Bett aus fein geschnittenen Zwiebeln, einer grünen und einer roten Paprikaschote, die wir in Streifen schneiden, und zwei geviertelten Tomaten im gewässerten Römertopf. Das Hähnchen wird geviertelt, gesalzen und gut mit Paprika eingerieben. Auf dem vorbereiteten Gemüsebett wird es nun im geschlossenen Römertopf ins Backrohr geschoben und dieser auf 200 Grad beheizt. Nach ca. 90 Minuten nehmen wir den Deckel ab, begießen das Hähnchen mit dem Saft und lassen es im offenen Römertopf schön bräunen. Die Sauce binden wir mit etwas süßer Sahne und schmecken noch mit Paprika pikant ab. Hierzu schmeckt am besten Reis.

Kartoffelsalat

Bei meiner Großmutter gab es Kartoffelsalat prinzipiell nur warm als Hauptmahlzeit. Blieb etwas übrig, so wurde er ganz vorsichtig wieder etwas angewärmt. Fest kochende Kartoffeln werden in der Schale gekocht, geschält und, wenn sie ein wenig abgekühlt sind, in Scheiben geschnitten. Auf den Boden der Schüssel kommt eine fein gehackte Zwiebel, schichtweise werden die Kartoffelscheiben mit etwas Salz und Pfeffer bestreut. Mit kochender Fleischbrühe, der wir nach Geschmack Essig beigefügt haben, begießen wir die Kartoffeln. Wir rühren nun nicht, sondern schwenken die Kartoffeln nur, damit die Scheiben nicht zerdrückt werden. Fein gewürfelten, geräucherten Speck lassen wir nun langsam anbraten und begießen damit den Kartoffelsalat.

Kartoffelsalat für Festtage

Nicht zu mehlige Kartoffeln werden in der Schale gekocht, geschält und, wenn sie abgekühlt sind, in Scheiben geschnitten. Bismarck-Heringe (aus dem Glas), Gewürzgurken, Schinken- oder Fleischwurst, hart gekochte Eier werden ebenfalls klein geschnitten und alles gut gemischt. Salatmayonnaise, der wir noch etwas mittelscharfen Senf beigefügt haben, wird nun mit der gleichen Menge Joghurt gemischt und über den Salat gegossen. Am Anfang lassen wir immer noch ein paar Kartoffeln zurück, die wir eventuell noch zugeben können, wenn der Salat zu saftig geworden ist. Man sollte den Salat mindestens drei Stunden vor dem Servieren angemacht haben. Erst dann entwickelt er sein volles Aroma.

Italienische Sauce zu Nudeln

In heißem Öl dämpfen wir fein geschnittenes Suppengrün, eine fein gehackte Zwiebel und würfelig geschnittenen, rohen Schinken. Wir würzen mit 10 Pfeffer- und 5 Pimentkörnern und einem Lorbeerblatt. Jetzt geben wir noch einige geschälte Tomaten dazu und lassen das Ganze langsam schmoren. Wir überstäuben es mit einem Esslöffel Mehl und löschen mit ½ Liter Fleischbrühe ab. Ein Nachwürzen mit Salz erübrigt sich meist.

Pikanter Brotaufstrich aus Topfen (Quark)

250 g Magertopfen(-quark) rühren wir mit etwas süßer Sahne glatt und salzen leicht. Nun schneiden wir 125 g Schinken- oder Fleischwurst in Würfel sowie zwei Gewürzgurken und rühren diese unter den Topfen (Quark). Auf Schwarzbrot oder Pumpernickel schmeckt das besonders gut. Dekorativ ist es auch, Fleischtomaten damit zu füllen.

Ringelblumenhonig

Einem Liter kalten Wasser werden zwei gehäufte Doppelhände voll Ringelblumenblüten zugesetzt und darin allmählich zum Kochen gebracht. Man lässt zwei-, dreimal aufwallen, zieht den Topf von der Herdplatte und lässt das Ganze über Nacht zugedeckt stehen. Am nächsten Tag kommt die Masse zum Abtropfen in ein Sieb, die Blüten werden zum Schluss mit beiden Händen gut ausgedrückt. In den Saft wird ein Kilo Rohzucker eingerührt und eine halbe in Scheiben geschnittene Zitrone (falls gespritzt – ohne Schale) dazugegeben. Mehr Zitrone macht den Honig säuerlich. Die breite Kasserolle wird deckellos auf die Herdplatte gestellt und man schaltet auf die kleinste Kochstufe. Der Herd bleibt den ganzen Tag auf Stufe eins eingeschaltet. Auf diese Weise verdunstet die Flüssigkeit, ohne zu kochen, und die Vitamine bleiben im Honig erhalten. Man lässt die Masse zur Probe erkalten, um zu sehen, ob sie die richtige Konsistenz hat. Der Honig darf nicht zu dick werden, da er sonst kristallisiert, aber auch nicht zu dünn, denn dann würde er sehr schnell säuern. Es muss ein gut streichfähiger Honig werden, der der ganzen Familie Freude und Entzücken beim Frühstückstisch bringt.

Löwenzahnhonig

Der Löwenzahnhonig wird nach dem gleichen Rezept zubereitet. In der Geschmacksrichtung merkt man einen kleinen Unterschied, aber beide schmecken köstlich und sind sehr bekömmlich.

Kartoffelknödel zu Fleischsaucen

300 g gekochte, geschälte und gepresste Kartoffeln mit 100 g griffigem Mehl, 10 g Grieß, 3 Hand voll Semmelwürfeln, etwas gehackter Petersilie, 1 Ei, 1 Prise Salz zu einem lockeren Teig verarbeiten. Knödel formen, 15 Minuten kochen. Zu Fleisch-, Dill-, Meerrettich- oder Schwammerl-Sauce servieren.

Rupferte Knödel

⅓ gekochte, geschälte und gepresste Kartoffeln werden mit ⅔ rohen, geschälten und in kaltes Wasser geriebenen Kartoffeln mit der Kartoffelpresse gut ausgepresst und mit 20 g Grieß, 4 bis 5 Hand voll Semmelwürfeln, einer Doppelprise Salz, einem größeren Ei, griffigem Mehl, soweit nötig, und etwas fein gehackter Petersilie locker zusammengemischt. Knödel formen, 15 bis 20 Minuten in ungesalzenem Wasser kochen. Diese Knödel werden hauptsächlich zu Gänse-, Enten-, Truthahn- oder Schweinebraten gereicht.

Zwetschkenknödel aus Kartoffelteig

600 g gekochte, geschälte und gepresste Kartoffeln, 200 g griffiges Mehl, 20 g Grieß, 20 g mit griffigem Mehl abgebröselte Butter, Salz.

Das Ganze – ohne zu drücken – mischend durch die Finger rieseln lassen, 2 Dotter mit einer Gabel leicht einrühren und den Teig ganz locker kneten. Eine Rolle formen, Scheiben schneiden, Zwetschken auflegen, mit wenig Teig Knödel formen. In ungesalzenem Wasser kochen, bis die Knödel an die Oberfläche steigen. Mit brauner Butter,

Zimt und Zucker servieren. Man kann auch Marillen (hier jedoch den Kern entfernen, mit einem Stück Würfelzucker füllen), Kirschen, Schwarzbeeren (Heidelbeeren) oder klein geschnittene Apfelstücke nehmen.

Dieser Teig ist auch bei

Kartoffelnudeln

bestens zu empfehlen. Aus dem Teig wird eine Rolle geformt, kleine Stückchen geschnitten, Nudeln gewalzt und in ungesalzenem Wasser gekocht. In gebräunter Butter mit Semmelbröseln rösten, mit Salat oder Kompott servieren.

Zwetschken- oder Marillenknödel aus Topfenteig (Quark)

250 g Topfen (Quark), 70 g Grieß, 70 g Butter oder Margarine, 70 g griffiges Mehl, 1 Ei, Salz mit dem Kochlöffel drücken und vermengen. ½ Stunde ruhen lassen. Eine Rolle formen, Scheiben schneiden, mit Marillen oder Zwetschken belegen, Knödel formen, in ungesalzenem Wasser kochen, bis die Knödel an die Oberfläche steigen.

Grießknödel

250 g Topfen (Quark), 30 g Grieß, 30 g Butter, 1 Ei, 70 g griffiges Mehl mischen, salzen, eine Stunde ruhen lassen. Im leichten Salzwasser die Knödel so lange kochen lassen, bis sie an die Oberfläche steigen. Mit brauner Butter und gerösteten Semmelbröseln begießen. Mit Salat oder, mit Zimt und Zucker bestreut, mit Kompott servieren.

Schkubanken

1 kg Kartoffeln werden geschält und gekocht. Das Wasser abgießen, die Kartoffeln salzen. Nun schüttet man 250 bis 300 g Kornmehl dazu und sticht mit dem Stiel des Kochlöffels in die Kartoffeln hinein, um das Mehl stellenweise eindringen zu lassen. Der Stiel muss den Bodenrand des Topfes erreichen. Dann lässt man eine Viertelstunde lang Kartoffeln und Mehl miteinander verkochen. Nun mischt man so lange durch, bis der Teig glatt wird. Mit einem Löffel, den man in heiße Butter taucht, werden esslöffelgroße Schkubanken ausgestochen. Sie werden in eine Schüssel gelegt, mit gebröseltem Topfen (Quark) oder gemahlenem Mohn und Zucker bestreut und etwas brauner Butter übergossen. Die Kunst des Gelingens liegt in der Beharrlichkeit des Abtreibens. Es ist ein Höhepunkt der sudetendeutschen Küche. Nebenbei kann man die in Butterschmalz herausgebackenen Schkubanken als sehr schmackhaft bezeichnen. Man serviert sie mit grünem Salat oder Kompott.

Sudetendeutscher Weihnachtsstollen

Zutaten: 750 g griffiges Mehl, 220 g Zucker, 150 g Butter, die ins Mehl gebröselt wird, 200 g Mandeln, geschält und gerieben, 100 g Zitronat, 100 g Aranzini, 100 g Rosinen, 80 g Hefe, 2 ganze Eier oder 4 Dotter, 1 Päckchen Vanillezucker, 2 gute Prisen Salz, 1 Teelöffel Rum, etwas Zitronenschale.

Die Mandeln drei Tage vor der Zubereitung heiß überbrühen und abziehen, trocknen lassen, reiben, mit lauwarmer Milch befeuchten; Rosinen waschen, ausdrücken, leicht mit Rum befeuchten; Butter im Mehl abbröseln, Zucker, Zitronat, Aranzini, Rosinen und Mandeln im Mehl verbröseln, etwas Zitronenschale dazu, salzen. Diese Zutaten kommen am Abend vorher in das Mehl. Am nächsten Tag wird in einer

Grube, die mit Vanillezucker und etwas Zucker ringsum ausgestreut wird, die Hefe abgebröselt und mit acht Esslöffeln lauwarmer Milch übergossen. Ist die Hefe gut gegangen, gibt man die Eier und 4 bis 5 Esslöffel lauwarme Milch dazu. Die Menge der Milch hängt vor der Größe der Eier ab. Am Brett wird das Ganze zu einem seidenweichen Teig verarbeitet, dem man kein Mehl zur Bearbeitung beigibt und der sich sofort von den Händen löst. ½ Stunde kneten, im Rohr bei 50 Grad den Teig gehen lassen.

Auf der Waage vier Teile abwiegen. Jeder Teil wird in die Hälfte geteilt und wieder abgewogen. Die ersten vier Teile werden zu einem vierteiligen Zopf geflochten, auf das mit Butter bestrichene Blech gelegt und ziemlich klein zusammengeschoben. Der vierteilige Zopf wird nun in der Mitte mit der Handkante tief eingedrückt und darauf der aus drei Teilen geflochtene Zopf gelegt. Der achte Teil wird in zwei Teile abgewogen, ineinander gedreht und auf den dreiteiligen Zopf gelegt, der wiederum mit der Handkante tief eingedrückt wird. Nun wird das Ganze zu einem kleinen Stollen zusammengeschoben. Nur so können Sie von dem aus so vielen Bestandteilen zusammengesetzten Stollen erwarten, dass er eine gleichmäßig schöne Form behält. Ist der Stollen bei 50 Grad gut gegangen und hoch geworden, lässt man ihn nun bei 160 Grad langsam backen. Beginnt er zu bräunen, wird er mit zerlassener Butter so lange eingestrichen, bis er um und um knusprig braun wird. Noch warm mit Staubzucker bestreuen.

Faschingskrapfen

Zutaten: 600 g Mehl, 80 g Butter, 50 g Staubzucker, 3 Eidotter, 30 g Hefe, 1 Päckchen Vanillezucker, 1 Esslöffel Rum, Saft und abgeriebene Schale ½ Zitrone, Milch nach Bedarf.

30 g Hefe werden mit Vanillezucker, ⅛ Liter lauwarmer Milch und einem Teil des vorgewärmten, gesiebten Weizenmehls zu einem weichen Vorteig, dem so genannten Dampfel, abgeschlagen. Das Dampfel wird zugedeckt warm gestellt, bis es hoch aufgegangen ist. Inzwischen versprudelt man einen weiteren Achtelliter lauwarme Milch mit der weichen Butter, dem Staubzucker, den 3 Eidottern, Salz, 1 Esslöffel Rum, Saft und Schale der Zitrone. Diese Masse wird nun in das hoch aufgegangene Dampfel gegossen, worauf man sogleich das restliche vorgewärmte Mehl beifügt. Aus dem Ganzen wird nun unter Zusatz von noch fehlender lauwarmer Milch ein halb weicher Teig so lange mit dem Kochlöffel geschlagen, bis er sich von selbst vom Löffel löst. Nach einer Rastpause von 20 Minuten wird er nochmals kurz abgeschlagen und auf das bemehlte und vorgewärmte Nudelbrett gestürzt. Aus dem fingerdick ausgerollten Teig werden 6 cm breite Plätzchen ausgestochen, auf die man sehr präzise in die Teigmitte einen haselnussgroßen Marillenmarmeladenpunkt setzt. Die Plätzchen ohne Marmelade legt man jeweils verkehrt auf die mit Marmeladenfüllung, wobei die Ränder sogleich mit den Zeigefingerspitzen auf die Teigunterlage gedrückt werden. Nun sticht man die Krapfen mit einem 5-cm-Ausstecher endgültig aus, legt sie verkehrt auf bemehlte, vorgewärmte Unterlagen und deckt sie mit einem Tuch zu. In der Backpfanne wird zweifingerdick gut ausgelassenes Butterschmalz oder Kunstspeisefett gerade so stark erhitzt, dass eine nass gemachte Gabelspitze beim Hineintauchen lustiges Summen oder eine Art fröhliches Glucksen verursacht. Der Fetttemperatur ist ein wesentliches Augenmerk zu schenken, weil zu kalt gebackene Krapfen sich ungebührlich mit Fett vollsaugen oder zu heiß gebackene Krapfen zu dunkel oder nicht ganz durch werden. Man legt die Krapfen mit einem behutsamen Griff wiederum

verkehrt in das mittelheiße Fett. Sie müssen, um richtig zu bräunen, im Backfett schwimmen. Die gebräunten Krapfen nimmt man mit einem Drahtlöffel heraus, legt sie auf ein Fließpapier zum Abtropfen und besiebt sie mit vanilliertem Staubzucker. Den Abfall des ausgestochenen Teiges rolle ich zu fingerdicken Nudeln, knüpfe Knoten, aus denen gebackene lustige Eidechsen entstehen. Diese werden von allen Familienmitgliedern mit wahrer Freude genossen.

MARIA TREBENS VORTRAG IN ST. GALLEN

Im April 1986 konnte ich in sieben Vorträgen in der Schweiz mein neues Buch vorstellen. Es fand reißenden Absatz. So stand ich in der Schweiz in kürzester Zeit an erster Stelle auf der Bestsellerliste. Unter anderem sprach ich in St. Gallen. Diesen Vortrag möchte ich hier auszugsweise wiedergeben.

Ich möchte Sie ganz, ganz herzlich begrüßen und Ihnen vor allem danken, dass Sie mich mit so viel Sympathie empfangen haben. Ich habe unlängst einmal nach einem Vortrag mit einer jungen Dame gesprochen, dass die Schweizer mich mit solch offenen Armen empfingen. Da sagte sie: „Aber Frau Treben, Sie gehören doch zu uns. Bei uns in der Schweiz heißt es immer nur ‚die Treben'." Und dafür möchte ich Ihnen nochmals herzlich danken.

(Applaus)

Es ist so viel, was ich Ihnen zu erzählen hätte. Aber diese eineinhalb Stunden sind zu kurz; deshalb möchte ich Ihnen mein neues Buch ans Herz legen. Dort finden Sie alles Wissenswerte.

Es hat mich vorhin jemand wegen eines Hustens gefragt, der nicht weggeht: Eine Scheibe Zitrone, einen gehäuften Teelöffel braunen Kandiszucker zusammen mit einer Tasse kaltem Wasser zwei- bis dreimal aufkochen lassen, wegziehen; einen gehäuften Teelöffel voll zu gleichen Teilen Thymian und Spitzwegerich hinein. Kurz ziehen, ich lasse meine Tees nicht einmal eine halbe Minute ziehen. Wenn Sie irgendwo lesen, 10 bis 15 Minuten, dann haben Sie in dem Tee fast keine Heilstoffe mehr. Erstens wird die Farbe dunkel, man will einen schönen, hellen Tee trinken, außerdem sind die Heilkräfte bei 15 Minuten ziehen lassen schon zerstört. Der andere Tee ist so herrlich und man soll ihn – wenn es ein ganz schlimmer Husten ist – jede Stunde frisch zubereiten. Meine Schwiegermutter ist mit 96 Jahren gestorben. Einmal, da war sie vielleicht 92, hatte sie einen sehr schlimmen Husten; der Arzt sagte, sie müsse sofort ins Krankenhaus, sonst könne sie eine Lungenentzündung bekommen. „Unsere Oma gebe ich nicht ins Krankenhaus", sagte ich, „die wird schon hier gesund. Im Krankenhaus kriegt sie die Lungenentzündung." So habe ich ihr den ganzen Tag nichts anderes gegeben, nichts zu essen, nichts als jede Stunde nach der Uhr den Thymian-Spitzwegerich-Tee. Da hat sie jedes Mal dem Tee entgegengefiebert und gesagt: „Wie mir das gut tut." Nach drei Tagen saß sie schon beim Essen am Familientisch. Der Tee ist herrlich.

Da schreibt eine Frau eine Karte aus Oberbayern: „Herzlichen Dank für Ihr Kräuterbuch. Dadurch hat mich der Herr von vielen Krankheiten geheilt. Meine Füße sollten amputiert werden, mit den Nerven war ich am Ende, ich unternahm zahlreiche Selbstmordversuche. Zungenkrebs, Krampfadern und Herzleiden. Alles geht weg. Aus einem traurigen und verzweifelten Menschen ist ein neuer Mensch geworden. Froh und glücklich. Dafür möge Gott Sie segnen." Rosina Maibert.

Hier ein zweiter Brief: „Ich stand am Abgrund des Lebens. Am 11. Jänner 1982 wollte ich mich vergiften. Es war für mich eine beschlossene Sache. Ich weiß, dass dies eine schwere Sünde ist, aber ich sah keinen anderen Ausweg mehr. Seit 17½ Jahren leide ich an einer chronisch-redizidierten Pyelonephritis. Ich habe alle Antibiotika und Sulfonamide durch und es ist alles resistent geworden. Das war eine schlimme Erkenntnis für mich. Ich habe qualvolle Jahre hinter mir, gepeinigt von Schmerzen und tiefen Depressionen, zur Hölle geworden.

Vor ca. eineinhalb Jahren gab es einen Lichtblick. Eine Bekannte riet mir, reines Terpentinöl einzunehmen. Schlagartig besserte sich mein Zustand. Aber im Laufe der Zeit musste ich zu einer immer größeren Dosis greifen, wenn ich schmerzfreie Perioden haben wollte. Das war keine Endlösung für mich, zumal ich dauernd furchtbar erbrach und schwere Durchfälle hatte. Ich nahm zum Schluss fünf bis sechs Esslöffel pro Tag und weiß nicht, wie sehr dies meinem Körper geschadet hat. Das war mir völlig egal, da ich es vor Schmerzen nicht mehr aushielt. Am 8. Jänner erwachte ich nachts um drei Uhr mit schlimmsten Schmerzen. Obwohl ich am Vortag fünf Esslöffel von dem Terpentin genommen hatte. Da wurde mir schlagartig klar, dass auch diese Mittel nichts mehr half. Die Panik, in die ich geriet, war so groß, dass ich beschloss, endgültig Schluss zu machen. Das war kein Leben mehr. Am nächsten Vormittag, als meine Verzweiflung immer größer wurde, erhielt ich, bevor ich mit meinem Mann das Haus verlassen wollte, einen Brief aus der DDR von meiner Cousine, der die entscheidende Wende in meinem Leben bringen sollte. Sie schrieb ganz aufgeregt, sie habe zufällig das Buch „Gesundheit aus der Apotheke Gottes“ gelesen und bat mich so flehend und eindringlich, sofort dieses Buch zu kaufen. Am Vorabend hatte mir eine Verkäuferin, mit der ich ins Gespräch gekommen war, denselben Buchtitel auf einen Zettel geschrieben, den ich nun aus meiner Jackentasche zog. Auch mein Mann staunte. Plötzlich wusste ich, dies war kein Zufall, dies war die Hand Gottes, die mir den richtigen Weg wies. Mein Mann kaufte das Buch, am Nachmittag las ich es und war völlig fasziniert. Am späten Abend besorgte mein Mann mir noch den Tee, ich trank zwei bis drei Tassen am selben Abend und verlor daraufhin fast vier Liter an Gewebsflüssigkeit. Das war schon einmal eine enorme Erleichterung. Zwei Tage später fühlte ich ein behagliches Gefühl der Besserung. Es war, als ob ein Druck wiche. Plötzlich war ich voller Freude. Alle Depressionen waren fort und ich dankte Gott. Heute vor 20 Tagen begann ich mit dem Teetrinken und fühle mich sehr gut, auch die Kopfschmerzen, die mich ständig quälten, waren nach einer Woche weg, weil ich täglich vier Tassen Brennnessel-Tee trinke. Es ist ein Wunder. Mein Urin weist keine Bakterien mehr auf."

Sie sehen also, ein Brief, der mich erreichte. Diese Frau war so verzweifelt und in diesen kurzen Tagen hat sie eigentlich die hauptsächlichen Schmerzen und diesen Druck der Depressionen verloren. Jeder sollte zu den Kräutern greifen. Und die hauptsächlichsten Kräuter, die wichtigen Kräuter sind kurz gesagt: die Brennnessel als blutreinigende und blutbildende Pflanze; die Schafgarbe – blutbildend im Knochenmark. Ich hatte z.B. im Oktober '84 einen Vortrag in Amerika, Chicago, und habe darauf hingewiesen, dass die Schafgarbe blutbildend im Knochenmark ist. Ich weiß nicht, ob Sie das erkennen, was das bedeutet. Ein Knochenaufbau, der auch dem ganzen Körper zugute kommt. Und nach dem Vortrag kam ein Arzt auf mich zu und sagte: „Was ich heute durch Sie erfahren habe, ist phänomenal. Ich als Arzt erkenne, was das heißt, Schafgarbe blutbildend im Knochenmark." Da sind die Brennnessel, die Schafgarbe, das Zinnkraut und die Ringelblume. Wenn Sie diese vier Kräuter immer wieder trinken, eine Woche die Pflanze, eine Woche jene Pflanze, dann werden Sie auf einmal sehen, dass alles von Ihnen abfällt. Die Kopfschmerzen, unter denen Sie leiden, die schlechte Verdauung ist weg. Nicht vergessen das kleine

Rezept der Schwedenkräuter. Das ist wichtig, täglich morgens einen Teelöffel in den Tee.

Hier noch ein dritter Brief von einer Herzkranzgefäßverengung.

„Ich habe eine Herzkranzgefäßverengung. Der Arzt sagte, ich solle mich mit dem Gedanken einer Bypass-Operation vertraut machen. Ich bekam Nitroglyzerin-Tabletten und musste oft sprühen. Als wir in Südtirol in 1500 m Höhe waren, brauchte ich keine Tabletten und fühlte mich so wohl. Als wir wieder zu Hause waren, wurde es wieder so schlimm, dass ich schon das Ärgste befürchtete. Ich nahm wieder ein, dazu die furchtbaren Kopfschmerzen bis zur Gewöhnung der Präparate. Und die viele Arbeit. Ich wusste nicht mehr ein noch aus. Dann gab mir meine Schwester Ihre Schwedenkräuter. Ich nahm sie dreimal täglich, einen Teelöffel voll. Und zusätzlich mischte ich mir für eine Tasse Tee Brennnessel, Ehrenpreis und Hirtentäschel. Jetzt trinke ich nur noch morgens eine Tasse mit einem Teelöffel Schwedenbitter. Bekomme ich mal einen Anfall, der vielleicht höchstens einmal im Vierteljahr auftritt, befeuchte ich mir das Herz und die Atemwege und nehme einen Esslöffel voll Schwedenkräuter und sofort entkrampft sich alles."

Ich habe immer das Empfinden, dass die Menschen zu wenig in meinen Büchern lesen. Diese Leute schreiben mir deshalb diese Erfolge, weil sie nach meinen Büchern leben.

Hier aus meiner Erfahrung:

Im Oktober, vielleicht vor vier oder fünf Jahren, kam ein Ehepaar aus Norddeutschland nach Grieskirchen. Nachdem ich keine Besuche annehme, hat man meinem Mann unten bei der Haustüre gesagt, sie wollen nichts von mir, sie wollen sich lediglich bedanken und diesen Fall erzählen, der sich in ihrer Familie zugetragen hat. Er, ein stattlicher Mann, sie, eine ebenso stattliche und hübsche Frau von ca. 48 Jahren. Sie sagte: „Wenn Sie nicht wären, Frau Treben, wäre ich schon lange unter der Erde." Ich darauf, das sei eine falsche Auffassung, denn die Kräuter kommen nicht von mir, die Kräuter kommen vom Herrgott, ich kann sie nur empfehlen und in den Büchern weitergeben. – Frau E., damals 45 Jahre, stürzt in einem Bürohaus auf der Treppe und hält sich am Geländer fest. Da spürt sie linksseitig einen Riss. Nachdem die Schmerzen nicht nachlassen, geht sie zu einem Frauenarzt. Der stellt ein Myom fest. Herr E. erzählte dann weiter, dass seine Frau bis dahin überhaupt noch nie krank gewesen war. Der Frauenarzt schlägt ihr eine Operation vor, die in einer Hamburger Klinik gemacht wird. Sie bleibt dort sieben Wochen. Bei der Operation erkennt man, dass das Myom nicht entfernt werden kann, da es an krebsbefallenen Darmwänden angewachsen ist. Aber die Kranke glaubt, man habe ihr das Myom genommen, und fühlt sich gesünder. Die Schmerzen haben nachgelassen, sie macht nur den Fehler, sie entschließt sich zu einer Kur. Später kommt sie ein zweites Mal in die gleiche Klinik, wo sie wieder sieben Wochen bleibt. Das erste Mal wurde die linke Seite aufgemacht, das zweite Mal die rechte, immer von oben nach unten. Der Krebs hatte sich überall im ganzen Bauchbereich, über Leber, Galle und Milz ausgebreitet. Sie wird entlassen und kommt etwas später ein drittes Mal in die Klinik. Jetzt wird ihr von der Bauchspeicheldrüse an ein Schnitt nach rechts gemacht. Sie bleibt weitere sieben Wochen im Krankenhaus, wird künstlich ernährt, verlässt in diesen Wochen nicht ein einziges Mal ihr Bett, hat keine Verdauung und ist nicht ein einziges Mal auf der Toilette. Tage vor Ostern sagt der Oberarzt zu Herrn E.: „Ostern wird Ihre Frau nicht mehr erleben. Wir haben alles getan, aber wir stehen am Ende." Herr E. erzählte mir bei seinem Besuch in Grieskirchen, dass er aber die ganze Zeit, in der seine Frau in der Klinik lag, die Gewissheit hatte, sie nicht zu verlieren.

Er kommt an diesem Tage nach dem Gespräch mit dem Oberarzt heim, unter seiner Post liegt, aus Österreich von einer Verwandten gesendet, die „Apotheke Gottes". Er liest die Nacht durch und kommt auch zu der Seite, was bei Darmkrebs angewendet wird.

Morgens telefoniert er nach Österreich – das war damals am Anfang meines Buches und es gab in Deutschland eigentlich kaum Schwedenkräuter –, man sagt in Österreich, unmöglich, wir kommen nicht mehr nach mit den Bestellungen. Darauf Herr E.: „Sie müssen mir das schicken, hier geht es um Stunden und ich hoffe, dass Sie es tun." Dann kauft er in einer Hamburger Apotheke Kalmus, Ringelblume, Schafgarbe, geht mit diesen Kräutern zum Chefarzt, zeigt ihm das Buch und sagt: „Ich habe einen Strohhalm, an den ich mich klammere." Der Arzt sagt: „Aber Herr E., ein intelligenter Mensch wie Sie, Heilkräuter – Humbug, Firlefanz. Sie werden doch nicht glauben, dass diese Heilkräuter Ihrer Frau, die eventuell höchstens noch Tage lebt, helfen." Herr E. sagt: „Sie haben meine Frau dreimal sieben Wochen in der Klinik gehabt. Und Sie können verstehen, dass ich ein Vermögen bei Ihnen gelassen habe. So will ich auch, dass Sie das von der Klinik aus machen. Die Schwedenkräuter kommen noch nach. Die sind noch nicht da." So hat dann die Klinik die Kräuter verabreicht. Die Schwedenkräuter kamen genau einen Tag nach Ostern, es war Dienstag. Er geht mit seinem Schwager, der wegen seiner todkranken Schwester in die Klinik kam, sofort damit zum Chefarzt. Die Krankenschwester macht den Umschlag – wie man ihn macht, steht genau im

Buch. So wird Frau E. versorgt, sie bekommt den Schwedenkräuterumschlag auf den Leib aufgelegt. Herr E. geht mit seinem Schwager in den Aufenthaltsraum, um zu rauchen. Sie hatten noch nicht die Zigarette angezündet, hören sie einen furchtbaren Schrei. Sie stürzen zur Tür. Da steht seine Frau vor ihrem Krankenzimmer, das Röhrchen für die künstliche Ernährung hängt ihr herunter, sie hält sich den Leib und schreit: „Ich muss sofort auf die Toilette." Sieben Wochen nicht auf die Toilette – und zwei Minuten Schwedenkräuter und sie hat auf die Toilette müssen. Er sagt, das kann man nicht beschreiben, was da aus dem Leib herauskam. Sie waren alle sichtlich überrascht, der Chefarzt natürlich auch dabei. Dann hat man ihr wieder den Umschlag gemacht und sie ins Bett gelegt. Der Mann nahm sie nach einer Woche heim, weil er meinte, das könne er alles selber machen, da brauche er nicht die Klinik, wo er täglich so und so viel DM zahle. Das war also Ostern und im Oktober des gleichen Jahres kam das Ehepaar zu mir, die Frau gesund und glücklich.

Sie sehen, dass es Hilfe bei Krebs gibt. Und die ganzen Jahre, in denen ich in meinem Buch darauf hingewiesen habe, in einer Zeit, wo die Krebserkrankungen steigen, hat man mich nur angegriffen und in den Schmutz gezogen, von einem Kräuterweib wird gesprochen, das in Österreich lebt und sich lächerlich macht. In deutschen Zeitungen werde ich ausgelacht und sie schreiben, dass ich mit Bohnenkraut Zuckerkranke heile. Es ist ein Rezept von eurem Naturarzt Pfarrer Künzle. Und weil mir dieses Rezept gegen Zucker großartig gefallen hat, habe ich es weiterempfohlen. Alles in meinem Buch ist selbst erlebt und selbst erkannt. Meine innere Kraft und mein Herrgott haben mir geholfen, diese Angriffe zu verarbeiten. Mein Mann hatte wiederholt vier Nervenzusammenbrüche. Er war als leitender Ingenieur 36 Jahre lang tätig, auf einmal kommen Leute, die seine Frau nur heruntersetzen. Das hat er nicht verkraftet.

Da lebt Frau Gisela Friebel in Münster, sie hat einen Knoten in der Brust, geht zum Arzt, am nächsten Tag ist die Brust amputiert. Dann kommen Behandlungen und Chemotherapien. Sie schreibt in ihrem Buch, wenn sie nicht immer die Angst in den Augen ihres Jungen gesehen hätte, der einmal aus dieser und einmal aus jener Ecke sie angeschaut hat, vor lauter Angst, dass er seine Mutter verliert, dann wäre sie vielleicht so weit gewesen, zu sagen, ich will nicht mehr, ich mache Schluss. Denn was ein Mensch bei Chemotherapie erlebt, ist grauenhaft. Sie hat dann nach meinem Buch gegriffen und ist heute gesund. Mit einem Arzt hält sie Vorträge, um anderen Krebskranken Hoffnung zu geben. Sie hat das Buch geschrieben „Ich habe Krebs! Na und?“. Ein unglaublich interessantes Buch, erschienen im Hebel Verlag, Rastatt.

Später hatten wir einen Presseempfang in München. Nun liegt auf der Hand, dass es tatsächlich Kräuter gibt, die Krebs heilen. Als ich vor Jahren mein erstes Buch schreiben sollte, habe ich mich ein halbes Jahr dagegen gewehrt. Wer wird das Buch einer Unbekannten lesen, wo so viele Kräuterbücher auf dem Markt liegen? Ich habe dann darin betont, dass es Kräuter gibt, die bei Krebs Hilfe bringen.

Dr. Dr. Seeger, mehr als 40 Jahre Krebsforscher in Berlin, schreibt mir: „Wie können Sie sich diesen Schmutz gefallen lassen, der pausenlos auf Sie zukommt, wo ich als Krebsforscher bestätigen kann, dass alle bei Ihnen angeführten Kräuter Krebs entgegenwirken?“ Dr. Dr. Seeger, Berlin, hat ein Büchlein „Die Wunderheilung der Maria Treben – Irrglauben oder Wahrheit?“ im Verlag „Mehr Wissen“, Düsseldorf, herausgegeben.

In Wuppertal habe ich drei Fragen beantwortet, und zwar über abgegrenzte weiße Gesichtsflecken, Durchfall und niederen Blutdruck, allesamt in meinem Buch besprochen. Die Anzeige der Staatsanwaltschaft, „Ausübung unerlaubter Heilpraxis", zog sich jahrelang hin und gipfelte in einer Buße von 10.000,– DM. Man darf nicht helfen, auch wenn man es gerne täte. Ich habe zwei Jahre lang jeden Vortrag in Deutschland abgelehnt, ich halte hier in der Schweiz das erste Mal wieder Vorträge. Überall, wo ich hinkomme, Journalisten, Fernsehen, Rundfunk, Zeitungen, Sie selbst als Publikum, kommen mir so herzlich entgegen, dass ich manchmal vor lauter Freude weinen könnte.

(Applaus)

Meine Pflanzenkenntnisse gehen zurück bis in mein zweites Lebensjahr. Ein Oberförster, ein Freund meines Vaters, hat mich als kleines Kind in die Natur eingeführt.

Später lernte ich den großen österreichischen Biologen Richard Willfort bei einem Vortrag in Grieskirchen kennen.

Durch seine Besuche in unserem Haus, seine interessanten Gespräche über Heilkräuter und ihre Hilfe bei schwerster Erkrankung, erschlossen sich für mich neue Perspektiven. Heilkräuter spielten in unserer naturverbundenen Familie immer eine große Rolle, Medikamente waren von Haus aus verpönt. Erstaunt über meine Pflanzenkenntnisse und Naturverbundenheit, führte Willfort mich in die Welt der großen Naturärzte ein, Paracelsus, Tabernämontanus, Bock, Hufeland, Heinrich Hahn bis hin zu Pfarrer Kneipp und dem großen Schweizer Naturarzt Pfarrer Künzle. Die Pflanzen meiner Kindertage sind plötzlich erfahrene Helfer der Menschheit geworden.

Von da an begann ich über Heilpflanzen und Krankheiten logisch nachzudenken und tiefe Einblicke zu nehmen. Ich habe mir gesagt, da gibt es doch Kräuter, die bei

Krebs helfen. So schreibt Pfarrer Kneipp in seinem 1886 erschienen Buch „Meine Wasserkur“: „Jeder gut- oder bösartige Tumor wird mit Zinnkraut zum Stillstand gebracht und allmählich aufgelöst.“ Kein weiteres Wort darüber. Als 1889 die 2. Auflage herauskam, mussten diese Stellen auf ärztlichen Druck herausgenommen werden. Weiter in Pfarrer Kneipps Buch: „Jede krebsartige offene, jede faulende Wunde wird mit Zinnkraut weggebracht.“ Durch Richard Willfort erfahre ich, dass zwei Drittel aller Nervenkranken – bitte stellen Sie sich das einmal vor – nicht in die Heilanstalten müssten, wenn die Niere gesund wäre. Das steht in den Schriften des österreichischen Nervenarztes Dr. Wagner-Jauregg. Wenn der Druck der kranken Niere nach oben geht, sich rechts und links auf offen liegende Nerven setzt, dann kommen Versteifungen im Schulter- und Nackenbereich mit einhergehenden großen Schmerzanfällen, die leider auf Rheuma behandelt werden. Tabletten und Spritzen, Bestrahlungen und Einreibungen – aber das Rheuma geht nicht weg, weil eine verkühlte oder ernährungsmäßig schlecht behandelte Niere die Ursache ist. Man muss also die Niere behandeln, und zwar ganz einfach: Man bereitet ein Zinnkraut-Sitzbad von 100 Gramm, über Nacht kalt wässern, nächsten Tag anwärmen, jedoch nicht kochen, 20 Minuten Badedauer. Darüber hat man in den unfairen Zeitungsberichten lauthals gelacht. Das Zinnkraut löst nämlich eine äußere Durchblutung der Niere aus. In dem Moment, wo die Niere durchblutet ist, zieht sie ihren Druck nach oben ab. Oder man legt Schwedenkräuter-Umschläge auf die Niere. Wenn jedoch der Druck der Niere stärker wird, bis in die Gehirnzellen geht, dann kommen die bedrückenden Depressionen. Deshalb Zinnkraut-Sitzbäder oder Schwedenkräuter-Umschläge. Es ist eine ungeheure Befreiung, auch wenn nur Versteifungen im Schulter- und Nackenbereich weggenommen werden. Auf gleiche Weise reagiert die Leber. Ihr Druck nach oben kann entweder auf der Schilddrüse, der Lunge oder auf dem Herzen liegen. Er löst nicht nur scheinbare Schilddrüsenerkrankungen, sondern auch Lungenemphysem oder Herzasthma aus. 80 Prozent aller Schilddrüsenerkrankungen kommen nicht von der Schilddrüse, sondern von der Leber. Bei einer schweren Atemnot versuchen Sie einmal eine Schwedenkräuter-Auflage auf die Leber. Sie werden sehen, wie rasch Sie von der Atemnot befreit sind. Ist die Schilddrüse tatsächlich erkrankt, helfen Labkraut-Tee, Umschläge oder Gurgeln mit Labkraut. Hilft auch bei einem Kropf, auch wenn er nach innen geht. Sollte sich aber der Druck der Leber auf die Lunge legen, kann es dadurch zu einem Lungenemphysem kommen. Auch hier sind Schwedenbitter-Umschläge auf die Leber zu empfehlen. Der Druck wird abgezogen, die geblähte Lunge verkleinert sich. Die Leber kann aber auch ihren Druck nach links auf das Herz geben. Da beginnt das Herz zu schwellen, es wird größer und eine furchtbare Atemnot beginnt: Herzasthma.

Vor Jahren fragte mich bei einem Vortrag eine Frau, was man bei Herzasthma machen kann? Den Tee aus Hederich und Herzgespann verträgt der Schwerkranke nicht. Der Mann war 52 Jahre alt, hatte seit 10 Jahren Herzasthma und musste die ganzen Jahre nachts sitzend schlafen. „Wir wohnen mitten in einer Wiese, haben das Häuserl in der Wiese stehen und mein Mann kann seit 10 Jahren nicht mehr das Haus verlassen. Kann sich nicht einmal vor die Haustür stellen, weil er nach Luft ringen muss, die Hände über dem Kopf zusammengeschlagen, dass er überhaupt Luft bekommt.“ Das interessiert mich. Bringen sie mal Ihren Mann zu mir. 52 Jahre, 10 Jahre diese furchtbare Atemnot! Wie er zu unserem Haus fährt, vier Schritte von der Garage zur Haustür, mussten die Frau und der Sohn ihn tragen. Alleine gehen konnte er nicht. Trotzdem er getragen wurde, musste er beide Hände über dem Kopf zusammenschlagen, immer wieder, ich kann Ihnen das furchtbare Stöhnen des Kranken nicht beschreiben. Angenommen, ich hätte diese Atemnot, die in der heutigen Zeit so viele junge Menschen befällt, so viel Leid und Kummer über sie bringt, würde ich vor allem einmal den Schwedenbitter-Umschlag über Nacht auf die Leber legen und täglich 4 Tassen Tee aus Brennnesseln, zu gleichen Teilen mit Zinnkraut und Schafgarbe gemischt, trinken. Ich bin überzeugt, dass die Beschwerden allmählich weggehen und ich wieder langsam ein gesunder Mensch würde. Ich hatte frischen Bärlapp im Haus, habe ihm davon eine Tasse gebrüht und gesagt: „Sie können diesen Tee eine halbe Stunde lang langsam schluckweise trinken. Ich nehme mir für Sie Zeit. Wenn Sie jetzt nach Hause kommen, lassen Sie sich von Ihrer Frau einen Schwedenbitter-Umschlag auf die Leber legen und lassen Sie ihn heute darauf und anschließend die ganze Nacht." Um acht Uhr früh bekomme ich von seiner Frau den Anruf: „Mein Mann hat heute das erste Mal seit zehn Jahren liegend schlafen können!" Ich bin mit der Frau und dem Sohn nach 14 Tagen in den Wald gefahren, um den Kranken weiter mit frischem Bärlapp einzudecken. Ich habe mir gesagt, ich nehme mir trotz Zeitnot auch noch die Zeit für diesen Armen. Zehn Jahre falsch behandelt, jetzt möchte ich ihn gesund sehen. Die Frau sagte mir, wie können wir Ihnen das je bezahlen? Mein Mann geht, seit er bei Ihnen war, also 14 Tage, jeden Vormittag und Nachmittag um den Hausgarten und täglich ein Stückchen weiter. Das ist wohl eine Freude, diesem Menschen geholfen zu haben! Er hat dann noch 10 Jahre gelebt!

Hier für meine Zuhörer noch ein herrlicher Brief, der reiht sich an zu dieser Sache. Herr Gerhard B. aus dem

Seniorenheim in Westfalen: „Mich lässt seit einigen Monaten ein Gefühl nicht los, Ihnen Dank sagen zu müssen. Schicksal oder Zufall hat mir Ihre „Apotheke Gottes" in die Hände gespielt. Seit Ende 1938 war ich sehr krank. Ich hatte ein schweres Lungenemphysem mit Bronchiallähmung. Ich war bis Juni 1981 in fünf Krankenhäusern. Auch etwa 25 Ärzte haben mich mit allen möglichen Medikamenten behandelt. Auch mit Cortison. Wegen akuter Erstickungsanfälle brachte man mich mit Blaulicht in das nächstgelegene Krankenhaus. Das ging so im Wechsel von Wochen. Zweimal war ich vollkommen weggetreten. Meine Kinder wurden benachrichtigt. Ihr Vater hat die Atmung eingestellt. Der Puls ruht auch. Wir machen Wiederbelebungsversuche. Man hat mir keine lange Lebensdauer mehr gegeben. Auch ich hatte nur noch einen Wunsch: zu sterben. Das alles war eine grausame Quälerei. Ich konnte ohne stützende Begleitung keine 200 bis 300 Meter gehen, mich nicht bücken und keine Treppen steigen. Mengen von allen möglichen Tabletten, Spritzen, ein Tropf- und Sauerstoffgerät waren meine ständigen Begleiter. Täglich drei- bis viermal Inhalationen. Mit den Wiederbelebungsbemühungen hatten die Ärzte jedes Mal Erfolg. Dabei hat man mir einmal vier und einmal fünf Rippen gebrochen. (Da muss man gratulieren zu diesem Erfolg.) Das war damals mein Leben. Jetzt kommt das Schicksal. (Ich finde, dass das eine Fügung ist.) Hier im Haus im Seniorenwohnsitz hatte ich den üblichen Erstickungsanfall. Meine Notspritzen habe ich stets bei mir. Der Pfleger des Hauses verabreichte sie mir. Meine Betreuungsdame fragte mich dann fürsorglich:

„Soll ich Sie gesund machen?"

„Machen Sie, was Sie wollen. Ich möchte nur sterben."

Man legte mir eine Packung in Wasserdampf erhitzten Schachtelhalm (Zinnkraut) auf die Brust. Danach wurde die Brust mit Schwedenbitter eingerieben. Sechs Wochen habe ich täglich warmen Schachtelhalm auf die Brust gepackt und noch heute reibe ich den ganzen Brustkorb mit dem wunderbaren Schwedenbitter ein. Ein Wunder ist geschehen. Seit Juni 1981, dem Beginn der Behandlung mit Schachtelhalm und den Schwedentropfen, habe ich keinen Erstickungsanfall mehr gehabt, war nicht mehr im Krankenhaus, kann tief durchatmen, kann wieder marschieren, vier, fünf, sechs Kilometer. Werde nicht müde, fünf Stockwerke ohne Schwierigkeiten zu steigen. Mein Arzt sagt, Sie sind ein Wunder. Sie müssten längst tot sein. Er hatte Recht. Meine vier Mitkranken, mit denen ich im Krankenhaus lag, sind tot. Sie haben keinen Schwedenbitter angewendet, mein Arzt kennt das Wunder nicht. Ich werde ihm meine Heimlichkeit nicht verraten. Er hat sich sehr um mich bemüht. Ihnen, Frau Treben, sei Dank. Ich, ein fast alter Mann, kann wieder lachen, fröhlich aus tiefstem Herzen sein, kann mich meiner neuen Enkelkinder erfreuen und ohne große Alterswehwehchen die herrliche Natur bewundern. Sehen und beobachten, spätabends ins tiefblaue Himmelsgewölbe träumen. Sterne und Mond bewundern."

Wenn das nur der einzige Fall wäre, der durch mein Buch gesund wurde, ist das schon etwas ganz Wunderbares! Jetzt möchte ich Ihnen anschließend noch etwas erzählen:

Aus Bonn bekomme ich einen Brief von Herrn Siegfried B. Der schreibt, seine Frau, 38 Jahre alt, habe seit ihrem 14. Lebensjahr einen Klumpfuß. Dieser Klumpfuß wurde 24 Jahre lang ärztlich betreut, dränagiert, geschnitten, operiert, alles Mögliche und Unmögliche habe man mit dem Fuß gemacht. Zum Schluss war er ein riesiger Klumpen bis zum Knie. Am 15. August (Maria Himmelfahrt) bekommt er mein Buch, beginnt den Kleinen Schwedenbitter anzusetzen. Das dauert genau 14 Tage. Anfang September beginnt er, jede Nacht seiner Frau Umschläge zu machen. Brennnessel, Zinnkraut, Ringelblume und Schafgarbe – er mischt sie zu gleichen Teilen. Von dem Tee trinkt seine Frau täglich 2 Liter schluckweise verteilt. Der Klumpfuß, der 24 Jahre dränagiert, geschnitten und operiert wurde, war in vier Wochen weg. Die Frau hatte plötzlich zwei normale Füße, was sogar in Bonn auf der Straße aufgefallen ist, darunter einem Arzt, der sie fragt: „Wieso kommen Sie plötzlich zu zwei normalen Füßen?"

Zwei Kräuter sind es, die jede Muskulatur stärken, selbst bei Muskelschwund helfen. Das ist das Hirtentäschel, äußerlich als Tinktur zu verwenden. Die Einreibung hilft, die Muskulatur zu beleben. Das klein geschnittene Hirtentäschel wird in einer Flasche mit 38 %igem Alkohol angesetzt. Ein stärkerer Alkohol schädigt beim Einreiben die Haut. Es gibt Arnika-Tinkturen aus Apotheken, die mit Weingeist angesetzt sind und bei äußerer Einreibung giftrote Hautschäden auslösen. Die mit Weingeist angesetzte Arnika muss zu 50 % mit abgekochtem, ausgekühltem Wasser vermischt werden, dann erst kann sie als äußere Einreibung Verwendung finden. Wie schon gesagt, bei Muskelsachen, Muskelerkrankungen äußerlich Hirtentäschel anwenden.

Eine Frau, die Arthrose hatte, bekam 10 Jahre Cortison. Auf einmal sind ihre Augenlider schlaff heruntergehangen, sie weinte und sagte: „Ich gehe mit Krücken, nun kann ich nicht mehr auf die Straße gehen, weil die Augenlider herunterhängen und ich nicht mehr sehe." „Weinen Sie nicht", meinte ich. „Streichen Sie die Augenlider mit Hirtentäscheltinktur ein, als innere Anwendung trinken Sie täglich vier Tassen Frauenmantel."

Diese beiden Kräuter gehören zusammen, sie bilden eine Symbiose. Frauenmantel belebt jede Muskulatur von innen, Hirtentäschel von außen. Die Lider dieser armen Frau haben sich gestrafft und wieder gehoben.

Sie können zum Beispiel auf einmal ihre Hände nicht mehr bewegen. Durch Hirtentäschel und Frauenmantel bekommen Sie Hilfe. Die Brennnessel ist nicht nur blutreinigend, sondern auch blutbildend. Sollten Sie oft jahrelang Bakterien im Darm haben, durch nichts wegbringen, befolgen Sie meinen Rat und trinken Sie eine Zeit lang Tee aus Brennnesseln. Die Untersuchung ergibt, dass Sie in der Folge ganz frei von Bakterien sind. Bei Viruserkrankungen werden Sie das Gleiche erleben. Die Brennnessel schafft das in kurzen Tagen.

Ich spreche in einer großen deutschen Stadt. Es kommt am Vortag ein Herr an meinen Tisch, erzählt mir, er wäre im Februar über die Kellertreppe gestürzt, mit der Schulter wuchtig gegen die Mauer gestoßen. (Wir hatten Oktober.) Er konnte niemandem mehr die Hand geben, nicht einmal einen Teelöffel halten und vor Schmerzen keine Nacht schlafen. Nach fünf Monaten täglich einer Spritze beim Arzt und zwei Monaten jeden zweiten Tag ist es September geworden. Da sagt ihm der Arzt: „Durch den Sturz gegen die Kellermauer hat sich eine Kalkablagerung in ein fremdes Gewebe geschoben, so haben Sie deshalb dauernd diese furchtbaren Schmerzen. Sie müssen sich entschließen, operativ die Kalkablagerung entfernen zu lassen."

„Ich bin Sportler", sagt der Patient, „was wird, wenn mir ein gelähmter Arm bleibt? Zu der Operation kann ich mich nicht entschließen."

Als er nach Hause kommt, erzählt er die Sache seiner Frau. „Mach es nach Maria Trebens Buch", sagt sie, „trinke Brennnessel."

Er lacht und sagt: „Was soll die Brennnessel, dieses Unkraut, wenn ich sie trinke, hier an meiner Schulter helfen?"

Sie aber: „Mach's trotzdem."

Da begann er täglich 4 Tassen Brennnessel-Tee zu trinken. Am 4. Tag wacht er auf: „Das ist doch nicht möglich, ich kann meinen Arm normal heben!" – Das war vor 4 Wochen. Und heute kann ich wieder einen Zentner stemmen!" –

„Wenn Sie das dem Publikum selbst erzählen wollten?" sagte ich. Es waren 2200 Menschen anwesend. Nachher fragte ich das Publikum, was ihm diese Erzählung logischerweise aussage. Mir zum Beispiel sagt es, was ich laufend in meinen Büchern betone, dass die Brennnessel in kürzester Zeit alles aus dem Körper nimmt, was nicht hineingehört. Deswegen wäre es für jeden Menschen gut, prophylaktisch Brennnessel zu trinken. Ich trinke sie seit 1968. Da hatte ich im Rundfunk gehört: „Wenn die Menschheit wüsste, wie heilkräftig die Brennnessel ist, würde sie nichts als Brennnessel anbauen." Wir haben gerade unser Haus gebaut und daraufhin begonnen, Brennnessel zu trinken. Und die viele Arbeit machte uns gar nicht müde, sie ist uns glatt von den Händen gegangen. Seit dieser Zeit trinken wir täglich unsere Tasse Brennnessel-Tee. Brennnessel kann man bis ans Lebensende 1 Tasse am Tag trinken. Pfarrer Künzle schreibt in seinen Büchern, dass man ab einem gewissen Alter bis ans Lebensende täglich eine Tasse Zinnkraut trinken soll. Dann würde man alles Rheumatische verlieren. Arthrose, Gicht, Hexenschüsse, all das, was mit rheumatischen Beschwerden zusammenhängt. Die Niere bleibt durch Zinnkraut gesund, sie kann ihre Gifte nirgends absetzen und damit keine Schmerzen mehr auslösen. Die Menschen hätten alle einen schmerzlosen Lebensabend. Dazu noch eine Tasse Brennnessel; diese beiden Kräuter ergänzen sich. Die Menschen würden oder blieben gesünder bis ins höchste Alter.

Aus dem Allgäu ruft mich einmal weinend eine Frau an. Sie erzählt mir, ihr Mann sei im Krankenhaus. Man hätte eine verstopfte Herzvene festgestellt, die Ärzte wollen operieren. „Durch die Untersuchung ist mein Mann so geschwächt, wahrscheinlich wird er die Operation nicht überleben."

„Da brauchen Sie doch jetzt nicht schon weinen", sagte ich „er lebt ja noch. Nehmen Sie Ihren Mann auf 10 Tage nach Hause und machen Sie Folgendes: Brühen Sie Brennnessel, eine halbe Minute ziehen und ein bisschen abkühlen lassen. Nun beugt ihr Mann den Oberkörper über die Wanne, wäscht täglich die Herzgegend kreisrund mit dem lauwarmen Brennnesselabsud."

Nach zehn Tagen ruft sie an: „Sie haben Recht gehabt, ich habe zu früh geweint. Nun ist mein Mann wieder gesund. Wir waren jetzt im Krankenhaus, die Herzvene ist nicht mehr verstopft. Mein Mann ist schmerzfrei. Er hat sogar noch die Kraftprobe auf dem Fahrrad gemacht."

Nochmals ein Brief: „Ich litt jahrelang an einer Arthrose. Ich war zu 80 Prozent gehbehindert. Jahrelang war ich bei verschiedenen Ärzten. Spritzen, Bestrahlungen und Tabletten, alles half nichts. Ich konnte nicht mehr laufen. Ich bin jetzt 72 Jahre. Nun las ich Ihr Buch. Ich besorgte mir die Beinwurz-Tinktur und tatsächlich, dank dieser Tinktur, mit der ich fünfmal täglich Einreibungen machte, konnte ich innerhalb von sechs Monaten wieder laufen. Meine Arthrose, wie der Arzt sagte, würde nie wieder besser, sie ist geheilt und ich kann wieder laufen."

Ein besonders schöner Brief: „Sehr verehrte, liebe Frau Treben. Wie dankbar und glücklich bin ich täglich für viele kranke Menschen, denen durch Sie die umseitig ausgesprochene Wahrheit (Gott kann das dunkle Gestern in ein helles Morgen verwandeln) greifbar in die Hand gelegt wurde. Als ich vor ein paar Wochen von Bekannten Ihre Kräutermappe geschenkt bekam und das erste Mal darin blätterte, musste ich immer wieder denken: ‚Seine Barmherzigkeit hat noch kein Ende und Seine Güte währet für und für.' Was für ein Gnadengeschenk an unsere kranke, verseuchte, entstellte Welt sind Menschen wie Sie. Ich danke Ihnen für den vorbehaltlosen Einsatz all Ihrer Kräfte, Ihres Wissens, Ihrer Erfahrung, Ihrer Güte, Ihrer Zeit für uns alle. Und ich danke Ihnen, dass er Ihr Leben zum Heil für so viele Menschen gemacht hat. Der Herr wolle Sie stützen und stärken und segnen immerdar."

Schöllkraut, im Volksmund Warzenkraut genannt, mit dem orangegelben Saft. Ich möchte Ihnen jetzt vorführen, wie großartig er für die Augen wirkt. Ich habe leider nur ein kleines Pflänzchen, das habe ich für Sie aus dem Zürcher Seebad gestohlen. Je mehr man Pflanzen stiehlt, desto besser helfen sie. (Gelächter) Für die Augen nimmt man vom Schöllkraut immer nur das Blatt, nicht den Stängel, an dem sich gelbe Blütchen ansetzen, denn aus diesem Stängel fließt ein zu dicker orangegelber Saft. Man nimmt ein Schöllkraut-Blatt mit seinem mürben Stängel. Das Blatt wird gut gewaschen, ebenso die Finger der rechten Hand. Zwischen feuchtem Daumen und Zeigefinger wird der Saft des nassen, mürben Blattstängels mit dem Zeigefinger in die Augenwinkel und über das Augenlid beiderseits gestrichen. Der Saft ist durch das feuchte Blatt und den feuchten Finger zweimal gewässert. Wenn Sie abends müde sind und es mit dem Schöllkrautblatt versuchen, dann haben Sie das Gefühl, als ob ein Schleier von Ihren Augen gezogen würde. Sie haben das Auge wieder frisch, in diesem Moment wird Ihr müdes Gesicht aufgehellt, also fit zum Ausgehen. Ich habe mir eine vierte Brille für meine vier Arbeitsplätze angeschafft. Der Optiker, der mich und mein Alter kennt, sagt: „Jetzt müssen Sie mir einmal verraten, wieso Sie noch so klare schleier- und fleckenlose Augen haben?“ Das macht der Schöllkrautsaft aus dem Schöllkrautblatt!

Bärlapp hatte ich mir schon vor 14 Tagen aus den Bergen geholt. Er nimmt alle Krämpfe. Besorgen Sie sich 100 bis 150 g Bärlapp in der Apotheke, ca. 1 cm klein geschnitten, machen Sie sich einen kleinen Polster in der Größe einer Zeitung. Diesen Polster legen Sie abends unter die Füße ins Bett, falls Sie Fußkrämpfe haben. Auch bei anderen Krämpfen hilft Bärlapp.

Bei einem Vortrag in Wien kommt ein Herr, ca. 54 Jahre alt, zu meinem Tisch und erzählt mir, dass er mit 17 Jahren im Weltkrieg am Rücken schwer verwundet wurde. Er hat heute noch am Rücken eine Art Schüssel, in die man zwei Männerhände hineinlegen kann. Um diese Schüssel läuft ein harter Narbenstrang, fest und hart gleich einem Strick. Da bekommt dieser arme Mensch seit seinem 18. Lebensjahr fast täglich einen Krampf, der sich über seinen ganzen Körper erstreckt. In diesem Moment, da der Krampf einsetzt, beginnt ein Schweißausbruch, der über Gesicht und Körper wie eine Wasserleitung rinnt.

Da mischt sich seine Frau ein, die daneben steht: „Man kann sich solches überhaupt nicht vorstellen, wenn man es nicht selbst erlebt. Ganz furchtbar, wie mein Mann darunter leidet.“ Meine erste Frage auf seine Erzählung: „Da sind Sie nicht in ärztlichen Händen?“

Und er: „Ich bin ein Fall für alle Kliniken. Jetzt aber hat ein junger Arzt erkannt, dass diese Krampfzustände aus dem Narbenstrang kommen. Ich bekomme Injektionen, die aber leider nur betäuben. Lässt die Betäubung nach, sind die Krämpfe und die Schweißausbrüche neuerlich da."

„Wenn man weiß, woher das alles kommt", sage ich, „kann man auch helfen. Könnten Sie sich frischen Bärlapp aus dem Wald beschaffen?"

„Ja", sagte er, „das kann ich. Bei Wien, im Raxgebiet."

Ich schlage ihm vor, sich einen großen Polster aus Inlett anfertigen zu lassen. Ein Inlett, mit Bärlapp gefüllt, das vom Halswirbel an unter dem Rücken bis ins Kreuz polsterartig in seinem Bett liegen muss. Man nimmt vom Bärlapp nur die feinen weichen Büschelchen, die aus den Ranken wachsen. Man muss sie mit der Schere abschneiden. Diese weichen Büschelchen kommen verteilt in den Polster, um keine Druckstellen zu verursachen. Ich kenne Herrn O.K. heute noch. Der Bärlapp hat alles gut gemacht, Anfälle gab es überhaupt keine mehr.

Die Käsepappel: Die Käsepappel beherbergt einen Schleimstoff, der bei Dick- und Dünndarm-, bei Magenschleimhautentzündung, bei trockenem Mund hilft. Bei Letzterem sind auch Nase und Augen in Mitleidenschaft gezogen, Nase trocken, Augen tränenlos. Diese Zustände kommen sehr oft von unkontrolliertem Schlafmittel-Genuss.

Man setzt die Käsepappel über Nacht kalt an, morgens nur ganz leicht anwärmen, man behält sie eine Zeit lang im Mund, spuckt aus, gurgelt, man kann auch immer wieder einen Schluck trinken. Teebereitung für vier Tassen, in eine heiß ausgespülte Thermosflasche füllen, damit der Tee bis abends warm bleibt.

Ringelblume für Krampfadern. Die Salbe ist in jeder Apotheke zu haben. Man streicht sie messerrückendick auf ein Leinentuch und fascht ein (bindet ein).

Raucherbein. Da raucht einer oder eine das ganze Leben. Der Raucher weiß genau, dass sich alle Venen verengen, nicht nur im Bein. Dann kommen die großen Schmerzen. Ich las neulich einen Artikel von einem Arzt, dass jeder Raucher gar nicht weiß, was er sich da antut. Die Leute können verblöden, da auch die Venen im Gehirn verengen. Bei einem Raucherbein können eventuell Brennnesselbäder Hilfe bringen. Wenn es zu spät ist, muss das Bein amputiert werden.

Bei Vergesslichkeit trinkt man 2–3 Tassen Ehrenpreis, er nimmt Gedächtnislücken.

Bei Netzhautablösung sind Schwedenkräuter-Umschläge, täglich eine Stunde nach dem Mittagessen, entspannt im Lehnstuhl sitzen, wichtig. Man steht vor der Erblindung, aber die Schwedenkräuter-Umschläge helfen.

Mein Schwiegervater starb 1944 durch eine Urämie, ausgelöst durch eine Prostataerkrankung. Es war ein ganz schrecklicher Tod. Ein paar Tage nach seinem Begräbnis sprach mich ein Nachbar an: Wenn er das geahnt hätte, dass mein Schwiegervater an dieser furchtbaren Krankheit leide, wäre er vielleicht mit Kleinblütigem Weidenröschen, das er ihm empfohlen hätte, gesund geworden. Er zeigte mir eine rosa blühende Pflanze am Gartenzaun und sagte: „Sie sind eine junge Frau, wenn Sie sich die Pflanze merken, könnten Sie vielen Menschen bei Nieren- und Blasenerkrankungen, Prostataerkrankungen, Krebs und Blasenkrebs helfen."

Ich war damals sehr gesund, nie krank. Es hat mich gar nicht interessiert. „Mein Schwiegervater", dachte ich, „wird durch das Weidenröschen nicht mehr lebendig."

Aber meiner Mutter habe ich es erzählt. Meine Mutter hat die Pflanze gesammelt und bald erkannt, dass sie unglaubliche Kräfte in sich vereint.

Ein alter Bauer im Bekanntenkreis konnte nur noch tröpferlweise bei großen Schmerzen urinieren. Gleich bei der ersten Tasse Weidenröschen ging es wieder normal. Natürlich hat er noch eine Zeit weiter den Tee getrunken. Nun hat sich meine Mutter zur Gewohnheit gemacht, immer wieder das Weidenröschen zu sammeln, Sie erzählte mir von einem akademischen Maler, der dreimal wegen Blasenkrebs operiert worden war. Über eine Bekannte schickte sie das Weidenröschen an ihn. Eine Nachuntersuchung auf der Wiener Klinik war ohne Befund. Dann ein ähnlicher Fall, später ein dritter und vierter. Ich aber hatte taube Ohren.

„Aber Mama, du weißt doch ganz genau, dass Krebs unheilbar ist, da wird ausgerechnet dein Weidenröschen helfen!"

Am 2. Februar stirbt meine Mutter, im gleichen Jahr komme ich Ende Oktober zu einem befreundeten Arzt in die Ordination. Er spricht von einem guten Bekannten, der an diesem Tag mit Blasenkrebs aus dem Krankenhaus entlassen wurde. Unheilbar, alles schon im Blut, er wollte daheim sterben. Ich hole jetzt vergilbte Blätter und Stängel vom Kleinblütigen Weidenröschen aus der Natur, wie man sie Ende Oktober eben noch findet, schneide sie klein und sende sie über eine Bekannte in das Haus des Schwerkranken. Täglich eine Tasse davon morgens nüchtern, schreibe ich auf einen Zettel. Nach 14 Tagen ruft mich der bekannte Arzt an, der sich inzwischen bei seinem Kollegen über den Zustand des Schwerkranken erkundigt hat. Ich erfuhr, dass es dem Kranken bestens geht, er arbeitet bereits wieder fleißig in seiner Rosenzucht. Alle stehen vor einem Rätsel. Es sind fast 20 Jahre. Unlängst traf ich den seinerzeit Schwerkranken auf der Straße, immer noch gut aussehend und rüstig.

Bei einem Vortrag in Freiburg/Breisgau erlebte ich Ähnliches. Nach der Pause kam ein gut gekleideter Universitätsprofessor der Universität Freiburg (Namen bekannt) zu meinem Tisch und legte mir klinische Befunde über ein Blasen-Carcinom vor. Er habe sich nach meinem Buch das Kleinblütige Weidenröschen besorgt und zeigte klinische Befunde, in denen das Blasen-Carcinom nicht mehr aufschien. Sein Sohn in der ersten Reihe, ein Arzt, könne mir das auch bestätigen, meinte er.

In einer Nachbargemeinde lebte ein Pfarrer, der ebenfalls Blasenkrebs hatte. Durch das Weidenröschen ist er auch ein gesunder Mensch geworden. Er zeigte mir den Befund des Arztes aus dem Krankenhaus. Da schreibt der Oberarzt: „Es klingt wie ein medizinisches Märchen, wenn ein Patient mit unheilbarem Blasenkrebs aus dem Krankenhaus entlassen wird und nach 10 Tagen bei der Nachuntersuchung ohne Befund ist."

Vor einigen Tagen las ich in einer Zeitung, dass 600 Neugeborene im Jahr mit organischen Gehirnschäden zur Welt kommen. Da könnte man weinen. Es ist aber leider so, dass viele Mütter daran schuld sind, wenn sie während der Schwangerschaft Alkohol trinken oder Zigaretten rauchen. Sie wissen sicherlich, dass durch Rauchen blinde Kinder zur Welt kommen. Und wenn man liest, dass jeder zehnte Jugendliche zum Psychiater gehört, da stellen sich einem wirklich die Haare zu Berge. Ein deutscher Naturarzt sagte einmal, dass vom ersten Tag der Schwangerschaft an bis zur Geburt eine Mutter weder Medikamente noch Alkohol, Zigaretten oder Bohnenkaffee nehmen dürfte. Leider wirkt sich das nicht nur bei der Geburt, sondern oft erst in der Pubertät aus.

Die unheilbare Schuppenflechte und Neurodermitis habe ich ausführlich in meinen Büchern beschrieben.

Ein Brief aus München über Neurodermitis: Eine Mutter schreibt von ihrem damals 13-jährigen Sohn Martin. „13 Jahre lang sind wir mit ihm von Kinderarzt zu Kinderarzt, zu dermatologischen Kliniken und Heilpraktikern gezogen, ohne Erfolg. Mit 3 Jahren war er zwei Monate in Davos. Der dortige Arzt erklärte uns, die Krankheit sei dem Kind in die Wiege gelegt. Es gäbe keine Heilung, man müsste jeden Schub mit Cortison beantworten. Fieberanfälle am laufenden Band. Eiterherde an den Fußsohlen bis zu den Knöcheln, die Handflächen eitrig. Kniekehlen, Ohrläppchen, Hals und Gesicht offen. Das Schlimmste dabei – das ewige Jucken. Taubeneigroße Drüsen in der Leiste, sodass er keinen Schritt ohne Schmerzen gehen konnte. Es wurde so schlimm, dass wir ihn ins Kinderkrankenhaus bringen mussten. Die Ärzte sprachen von einer Hautsepsis. Nach einer intensiven Cortisonbehandlung kam es zu einer eitrigen Blinddarmentzündung, ein Arzt meinte: „Seien Sie froh, dass es der Blinddarm war, andere Kinder bekommen nach einer solchen Behandlung Magengeschwüre." Nun begann er dann, den Tee aus Ihrem Buch zu trinken, er trank ihn sehr widerwillig, was uns nicht wunderte, denn er hatte ja schon so vieles ganz vergebens probiert. Er hatte einfach keine Hoffnung mehr. Seine erste Feststellung war:

„Mutti, es geht furchtbar viel Wasser weg."

Nach 14 Tagen kam ich morgens ins Kinderzimmer, um ihn zu wecken, da sagte er: „Mutti, ich war noch nicht richtig im Bett und bin eingeschlafen." Ins Bett gehen war für Martin, man kann es sagen, vom Säuglingsalter an ein Albtraum, Jucken und Kratzen, er konnte nicht einschlafen, lag stundenlang, ja halbe Nächte wach. Und von diesem ersten Einschlafen an war Martin davon überzeugt, dass der Tee eine gute Wirkung auf ihn hat. Er bemühte sich täglich, seine Flasche leer zu bekommen. Die Haut hat sich wohl auch wesentlich gebessert. Hie und da wird noch gekratzt, aber es kam, seitdem er diesen Tee trinkt, zu keiner einzigen Infektion mehr. Er geht jetzt in ein neusprachliches Gymnasium. Sie können sich vorstellen, was das Kind schon alles in der Schule versäumt hat, und er darf jetzt sogar mitturnen, was ihn natürlich unwahrscheinlich freut."

Ein zweiter Fall aus Köln. Da hat mich die Mutter angerufen. – Ich habe auf meine Bücher verwiesen. Als der behandelnde Dermatologe plötzlich eine gute Besserung bei den furchtbaren Hautausschlägen ausgerechnet im Gesicht sehen konnte, ließ er sich das Rezept geben. Das Kind hatte sich schon nicht mehr auf die Schule gefreut, es wurde von seinen Mitschülern wie ein Aussätziger gemieden. Seelisch hat das Kind ganz schlimm darunter gelitten.

In meinem Buch „Heilerfolge" sind noch einige großartige, an Wunder grenzende Hinweise aus Briefen über geheilte Schuppenflechten und Neurodermitis-Fälle.

Bei einem Seminar in Oberösterreich mit 50 deutschen Teilnehmern wurde mir am letzten Tag ein Brief überreicht, der mich tief erschütterte. Ich will Ihnen diesen Brief nicht vorenthalten:

„Ihr Buch hat mir ein Wunder geschehen lassen. Ich hatte 53 Jahre Neurodermitis. Als Kleinkind bin ich mit dem so genannten Milchschorf auf die Welt gekommen. Mir wurden die Ärmchen am Bett festgebunden oder Manschetten über die Handgelenke gezogen, weil ich mich immer blutig kratzte. Meine Eltern haben mit mir viele Ärzte aufgesucht. Es wurde vieles ausprobiert. Mein Vater sagte einmal zu mir: „Du kostest mich ein Vermögen." Niemand konnte helfen. Es blieb der qualvolle Juckreiz und der hässliche Ausschlag am ganzen Körper."

Man hat natürlich dem Kind nur Cortison gegeben. Sie können sich vorstellen, was da geschehen ist. Ich will Ihnen nicht den ganzen Brief vorlesen, ich will Ihnen nur sagen, dass Cortison 1980 einen totalen Zusammenbruch ausgelöst hat – mit Einweisung ins Krankenhaus, geschlossene Abteilung. Da kann man sich ja vorstellen, das sind ja schon über 50 Jahre, die sie nur Cortison bekommen hat.

„Trotz meines schweren Leidens war ich ein fröhlicher Mensch. Aber Cortison und die schweren Psychopharmaka haben mein Naturell völlig verändert. Ich wurde im Denken schwerfällig, fing beim Erzählen zu stottern an. Konnte mich schwer verständlich machen und war sehr vergesslich. Eines Tages, im Jahre 1980, lernte meine Schwester durch einen Arbeitskollegen Ihr Buch, die Apotheke Gottes, kennen und brachte es mir. Alles, was in diesem Buch gegen Schuppenflechte und Neurodermitis empfohlen wird, habe ich befolgt und eingehalten. Heute habe ich am ganzen Körper eine geschmeidige, klare und schöne Haut. Der furchtbare Juckreiz quält mich nicht mehr. Der weitere Erfolg ist, dass ich nicht mehr stottere und dass ich in der Lage bin, Ihnen diesen Brief zu schreiben, weil ich wieder klar denken kann. In der Nervenklinik in Norderney und Minden fand die Ärztin diesen Tee für richtig und hat ihn auch für andere Patienten brühen lassen. Und jeden Tag danke ich Gott, dass ich auf Ihr Buch aufmerksam gemacht wurde, dass Er alles so gefügt hat. Nach langen Jahren qualvollen Leidens bin ich ein gesunder Mensch geworden. Ich fange jetzt, mit 57 Jahren, zu leben an."

Während eines Besuches bei einem Landwirt-Ehepaar erzählte man mir von der 38-jährigen Nachbarin, die wegen einer Brille zum Augenarzt gegangen ist. Dem Arzt fiel ein dunkelrotes hartes Geschwür am linken unteren Augenlid auf, das die Frau bereits sieben Jahre beschwerdefrei hatte. Die eingeschickte Probe stellte sich dann als Hautkrebs heraus. So wurde sie zur Bestrahlung in das Landeskrankenhaus eingewiesen. Als wir sie auf Drängen unserer Bekannten aufsuchten, fanden wir einen am Boden zerstörten Menschen vor. Sie erzählte weinend, sie wäre deshalb nervlich so fertig, weil sie bei den Bestrahlungen auf der Hautstation ganz schlimme Dinge sehen muss: bis auf die Knochen zerfressene Gesichter. Ich tröstete sie. Es war ein schneefreier Februar, ein frisches, gut entwickeltes Schöllkraut stand rings ums Haus. Sie möge es doch einmal mit dem frischen Schöllkrautsaft versuchen, täglich so oft wie möglich die harte Stelle am unteren Augenlid eintupfen. Anfang Dezember des gleichen Jahres stand eine glückliche Frau ohne dunkelrotes, hartes Geschwür am linken unteren Augenlid vor mir. Der Augenarzt, bei dem sie knapp vorher zur Nachuntersuchung war, meinte, wenn das Geschwür von den Bestrahlungen weggegangen ist, wäre dies ein Wunder.

(Lang anhaltender Applaus)

Die nachfolgenden Szenen wiederholen sich mit einer Regelmäßigkeit nach jedem Vortrag, ob dieser nun in Deutschland, Österreich oder der Schweiz abgehalten wird. Der Veranstalter kommt zum Tisch, um zu danken, ich bedanke mich ebenfalls mit herzlichen Worten. Aber schon stürmt das Publikum zum Vortragstisch, um die ausgebreiteten Kräuter zu plündern. Man ist machtlos, der Masse Einhalt zu gebieten, es bleibt für die später Kommenden aus den rückwärtigen Reihen nichts mehr übrig. Ich selbst, in der Masse eingekeilt, kann nicht einmal meine persönlichen Bücher, Schriften und Briefe in meine Vortragstasche räumen. Die mitgebrachten frischen Kräuter, die eigentlich allen gehören, können leider nicht mehr gezeigt werden, weil die zuerst Eintreffenden den Tisch bereits geplündert haben. Da kann das Podium noch so hoch stehen, die zum Vortragstisch führenden Treppen noch so eng und steil sein, ich stehe eingekeilt und machtlos daneben. Ich erkläre jedes Mal den Veranstaltern vor dem Vortrag, sie sollen mir nach dem Vortrag helfen, Schützenhilfe leisten, aber sie glauben es nicht, bis sie selbst die Bescherung erleben. Dann kann niemand mehr zu meinem Tisch. Sie stehen im Foyer beim Buch- oder Kräuterverkauf, es sind jeweils Einheimische aus der Branche. Bevor sie mir zu Hilfe kommen, sind alle Wege zu mir durch das wissbegierige Publikum abgeschnitten. Auf der anderen Seite glaubt mir das Publikum aber auch nicht, dass ich von meinem zweistündigen Vortrag erschöpft bin, stellt nachher Hunderte Fragen, die schon deshalb nicht beantwortet werden können, weil sie in dem Wirrwarr untergehen. Können Sie den Menschen gram sein, die für Heilkräuter ein so großes Interesse zeigen?

DANK – ZUSPRUCH – TROST

Viele Menschen haben Maria Treben brieflich für ihre Hilfe gedankt. Nachfolgend finden Sie einige Auszüge aus Schreiben, über die sich Maria Treben besonders gefreut hat:

... danke, danke, danke für alles Liebe, was Gott durch Ihre Hand und Ihren Verstand ausführen lässt. Danke speziell für den Tee bei Schuppenflechte für eine Kollegin. Auch ich will heilen helfen, Gott gebe mir die Kraft ...

Hilde Bauer, Obersdorf / ehem. DDR

... Sie schreiben, man soll Ihnen keine Briefe schreiben. Ich wollte Ihren Willen auch respektieren, sehe mich jetzt aber genötigt, Ihnen doch zu schreiben. Mein aufrichtiges Bedauern gilt den vielen Angriffen und daneben empfinde ich eine große Hochachtung für die Wohltat Ihrer Bücher. Ich habe viele Kräuterbücher, die ich mir seit fünfzig Jahren anschaffe, aber keines ist so praktisch anwendbar wie das Ihrige. Vor einigen Jahren war ich auf den Tod krank. Ihrem Buch verdanke ich meine Gesundheit. Viel Gutes ist durch Ihr Buch geschehen. Auf Schritt und Tritt begegnet man Menschen, die danach leben und sich guter Gesundheit erfreuen. Wohltäter der Menschen werden verfolgt! Traurig! Lassen Sie sich dadurch nicht niederdrücken. Sie haben viele dankbare Freunde in ganz Europa ...

Pfarrer Wilhelms, Heffinger / Luxemburg

... Ihr Buch ist ein Segen für die Menschheit, wofür man Gott danken muss! ...

Erna Neugebauer, Hannewalde / ehem. DDR

... Soeben habe ich Ihre Sendung im Radio gehört und schämte mich, dass wir, die wir hier in nächster Nähe wohnen, uns nicht einmal die Zeit nehmen, Ihnen für das Buch und alles, was mit den Heilkräutern und Ihrer Arbeit zusammenhängt, zu danken. Es hat mir viele schöne Stunden bereitet und gute Hilfe bei diesen und jenen Schmerzen. Eine 86-jährige Nachbarin hatte dreißig Jahre ein Darmleiden und sie konnte mit Hilfe Ihres Buches Besserung erfahren ...

Hilde Meyer, Gaspoltshofen

... ich muss mich immer wieder aufs Neue wundern, mit welch großer Gabe Gott sie beschenkt hat, dass Sie so vielen kranken Menschen helfen können. Von allen Kräuterbüchern, die ich habe, ist keines so ausführlich und gut geschrieben wie das Ihre. Ihr Buch ist mein bester Arzt. Bei jeder Gelegenheit lese ich nach und handle danach. Bis jetzt hat alles bestens geholfen ...

Maria Rammstätter, Neu-Isenburg

... der Geist, der Sie beflügelt, lebt fruchtbar in der ehemaligen DDR. „Ist Gott für uns, wer mag wider uns sein?" Römer, 8,31 ...

Helga Buchmann, Obersdorf / ehem. DDR

... ich will Ihnen von Herzen danken, dass es Sie und Ihre wertvollen Bücher gibt. Ich habe sie mir alle gekauft. Nichts, aber auch gar nichts könnte meinen Glauben an Sie erschüttern. Ich bin eine Bergbauernfrau aus dem Schweizer Oberland. Ich könnte mir ein Leben ohne die wundervollen Kräuter nicht mehr vorstellen. Diesen Sommer lief ich mitten im Heuen nach Hause, um Sie im Fernsehen ja nicht zu verpassen. Ich weinte vor Freude, als ich Sie sah und sprechen hörte. Ich liebe und verehre Sie ...

Vera Suser, Saxelen / Schweiz

... wenn ein Arzt Ihre Bücher liest, könnte er ja meinen, es wäre alles aus der Luft gegriffen, so etwas gibt es nicht. Nicht so bei unsereinem. Ich fühle mich mit Ihnen in gewissem Sinn verwandt. Aus der Not, der eigenen Not geboren, sind Sie zu diesen tollen Erkenntnissen gekommen, die Tausenden von Kranken Glück und Heilung durch Ihre Bücher und Ratschläge gebracht haben. Sie sind selbst zu einem Geschenk Gottes für die Menschheit geworden. Seien Sie versichert, dass die teilweise massiven Angriffe, die Sie durch die orthodoxe Medizin erlitten haben, Ihre Mission nicht schmälern können. Gott wird immer seine schützende Hand über Sie halten. Warum fühle ich mich mit Ihnen verwandt? Ich selbst habe viermal in meinem Leben, jetzt bin ich 75 Jahre alt, auf dem Totenbett gelegen, war einmal schon ertrunken und wurde von einem Franzosen gerettet. Ist das nicht ein ungeheurer Segen, den ich erleben durfte? Ein Professor in Budapest, wo ich zwei Semester vorklinisch studierte, sagte mir während meiner schweren Sepsis, von den Mandeln herrührend, mit starker Beeinträchtigung meines Herzens, ich würde nie den Arztberuf ausüben können. Jetzt stehe ich im 45. Jahre meiner Approbation als biologischer Arzt, seit 26 Jahren Chefarzt in einer eigenen Klinik. Noch heute bin ich in einer Ambulanz tätig, wohin die Patienten aus weiter Ferne kommen. Sie, gnädige Frau, haben mein Repertoire sehr bereichert, wofür ich Ihnen nur Dank sagen kann. Auch ich wurde lange Jahre angegriffen, lächerlich gemacht, zum Scharlatan erklärt. Ich habe nur müde gelächelt über die neidbeladenen Kollegen. Heute ist das vorbei. Ich bin akzeptiert. Leider habe ich Sie durch Ihre Werke viel zu spät kennen gelernt, aber nicht zu spät, um mit Ihren Erkenntnissen meinen Patienten zusätzlich zu helfen. Ich bin in erster Linie Neuraltherapeut, aber voll aufgeschlossen für alles andere. Nun nehmen Sie meinen Brief als Dank eines deutschen Arztes für Ihre großen Leistungen. In Verehrung stets Ihr ...

Dr. med. Ernst Drost sen., Bad Rappenau

... Ihre Bücher sind in unserer Bibliothek die meistgelesenen. So viele Ihrer Rezepte haben wir befolgt und damit Erfolg erzielt. Schwedenbitter gehört zum meist angewendeten Tränklein in unserem Haus. Sie waren auf Vortragstournee in der Schweiz. In der Frauenstunde unseres Rundfunks hörte ich davon. Alles war so positiv, so überzeugend wahr. Dann kam der böse Rufmord-Artikel in der Presse. Im Radio machte man auf die Gefährlichkeit Ihrer Tees aufmerksam. Der Apotheker-Verein stand dahinter. Böse Sachen! Sofort wurde mir klar, dass die Chemie-Lobby dahinter stecken könnte. Wer Ohren hat, der höre. Wahrscheinlich sind die Umsätze in dieser Sparte stark zurückgegangen, auf der anderen Seite wird der Heilkräuteranbau in Berggegenden intensiviert. Das Kräuterfieber ist ausgebrochen. Wo eine Wahrheit Anhänger findet, da sind die Mächtigen schnell am Werk. Aber Sie werden Ihre Anhänger weiterhin überzeugen können. Viel Glück dazu ...

Elsa Braun, Zürich / Schweiz

... ärgerlich dieser Zeitungsartikel gegen Sie! Aber nehmen Sie das nicht tragisch. Sie haben Hunderte Dankschreiben in Händen. Da fällt so etwas gar nicht ins Gewicht. Gott hat Sie in seine Apotheke schauen lassen und Sie haben uns mitgeteilt, was da an Heilgaben für uns bereitliegt. Im Grunde genommen verachten diese Schreiberlinge die Gaben Gottes. Gott segne Sie dafür ...

Pfarrer Mohnhaupt, Schönau

Eltern von Maria Treben

Hilderl (3¾ Jahre) Mizzerl (1¾ Jahre).

Maschinen-Abteilung der Buchdruckerei Ignaz Günzl, Saaz.

Elternhaus in Prag, Ostern 1920.

Maria Treben 1923.

V.l.n.r.: Maria, Hilde, Anni (1925).

Maria Treben 1929.

Ernst Treben 1930.

Das Elternhaus von Ernst in Kaplitz.

Maria und Ernst in Witzersdorf, 1949.

Witzersdorf Haus

Maria und Ernst 1955.

Maria Treben bei der Durchsicht der Korrespondenz.

Maria beim Abfüllen der Kräuter.

Maria Treben 1989

Maria Treben 1989